पंचतंत्र की कहानियाँ

पंचतंत्र की कहानियाँ

श्यामजी वर्मा

ज्ञान गंगा, दिल्ली

प्रकाशक : ज्ञान गंगा, 2/42 अंसारी रोड, दरियागंज, नई दिल्ली–110002
सर्वाधिकार : सुरक्षित / संस्करण : 2025 / मूल्य : चार सौ रुपए
मुद्रक : नरुला प्रिंटर्स, दिल्ली ISBN 978-93-82901-66-2

PANCHTANTRA KI KAHANIYAN
by Shri Shyamji Verma ₹ 400.00
Published by Gyan Ganga, 2/42 Ansari Road, Daryaganj, New Delhi-2

कथामुख

दक्षिण के किसी जनपद में एक नगर था—महिलारोप्य। वहाँ का राजा अमरशक्ति बड़ा ही पराक्रमी तथा उदार था। संपूर्ण कलाओं में पारंगत राजा अमरशक्ति के तीन पुत्र थे—बहुशक्ति, उग्रशक्ति तथा अनंतशक्ति। राजा स्वयं जितना ही नीतिज्ञ, विद्वान्, गुणी और कलाओं में पारंगत था, दुर्भाग्य से उसके तीनों पुत्र उतने ही उद्दंड, अज्ञानी और दुर्विनीत थे।

अपने पुत्रों की मूर्खता और अज्ञान से चिंतित राजा ने एक दिन अपने मंत्रियों से कहा, ''ऐसे मूर्ख और अविवेकी पुत्रों से अच्छा तो निस्संतान रहना होता। पुत्रों के मरण से भी इतनी पीड़ा नहीं होती, जितनी मूर्ख पुत्र से होती है। मर जाने पर तो पुत्र एक ही बार दुःख देता है, किंतु ऐसे पुत्र जीवन-भर अभिशाप की तरह पीड़ा तथा अपमान का कारण बनते हैं। हमारे राज्य में तो हजारों विद्वान्, कलाकार एवं नीतिविशारद महापंडित रहते हैं। कोई ऐसा उपाय करो कि ये निकम्मे राजपुत्र शिक्षित होकर विवेक और ज्ञान की ओर बढ़ें।''

मंत्री विचार-विमर्श करने लगे। अंत में मंत्री सुमति ने कहा, ''महाराज, व्यक्ति का जीवन-काल तो बहुत ही अनिश्चित और छोटा होता है। हमारे राजपुत्र अब बड़े हो चुके हैं। विधिवत् व्याकरण एवं शब्दशास्त्र का अध्ययन आरंभ करेंगे तो बहुत दिन लग जाएँगे। इनके लिए तो यही उचित होगा कि इनको किसी संक्षिप्त शास्त्र के आधार पर शिक्षा दी जाए, जिसमें सार-सार ग्रहण करके निस्सार को छोड़ दिया गया हो; जैसे हंस दूध तो ग्रहण कर लेता है, पानी को छोड़ देता है। ऐसे एक महापंडित विष्णु शर्मा आपके राज्य में ही रहते हैं। सभी शास्त्रों में पारंगत विष्णु शर्मा की छात्रों में बड़ी प्रतिष्ठा है। आप तो राजपुत्रों को शिक्षा के लिए उनके हाथों ही सौंप दीजिए।''

राजा अमरशक्ति ने यही किया। उन्होंने महापंडित विष्णु शर्मा का आदर-सत्कार करने के बाद विनय के साथ अनुरोध किया, ''आर्य, आप मेरे पुत्रों पर इतनी कृपा कीजिए कि इन्हें अर्थशास्त्र का ज्ञान हो जाए। मैं आपको दक्षिणा में सौ गाँव प्रदान करूँगा।''

आचार्य विष्णु शर्मा ने निर्भीक स्वर में कहा, ''मैं विद्या का विक्रय नहीं करता, देव! मुझे सौ गाँव लेकर अपनी विद्या बेचनी नहीं है। किंतु मैं वचन देता हूँ कि छह मास में ही आपके पुत्रों को नीतियों में पारंगत कर दूँगा। यदि न कर सकूँ तो ईश्वर मुझे विद्या से शून्य कर दे!''

महापंडित की यह विकट प्रतिज्ञा सुनकर सभी स्तब्ध रह गए।

राजा अमरशक्ति ने मंत्रियों के साथ विष्णु शर्मा की पूजा-अभ्यर्थना की और तीनों राजपुत्रों को उनके हाथ सौंप दिया।

राजपुत्रों को लेकर विष्णु शर्मा अपने आवास पर पहुँचे। अपनी प्रतिज्ञा के अनुसार छह मास में ही उन्हें अर्थनीति में निपुण करने के लिए एक अत्यंत रोचक ग्रंथ की रचना की। उसमें पाँच तंत्र थे—मित्रभेद, मित्रसंप्राप्ति (मित्रलाभ), काकोलूकीयम्, लब्धप्रणाशम् तथा अपरीक्षितकारकम्। इसी कारण उस ग्रंथ का नाम 'पंचतंत्र' प्रसिद्ध हो गया।

लोक-गाथाओं से उठाए गए दृष्टांतों से भरपूर इस रोचक ग्रंथ का अध्ययन करके तीनों अशिक्षित और उद्दंड राजपुत्र ब्राह्मण की प्रतिज्ञा के अनुसार छह मास में ही नीतिशास्त्र में पारंगत हो गए। □

अनुक्रमणिका

प्रथम तंत्र

मित्रभेद

दक्षिण के किसी जनपद में एक नगर था—महिलारोप्य। वहीं वर्धमान नाम का एक वैश्य रहता था। उसने सदाचारपूर्वक काफी धन कमाया था। एक रोज रात को सोते समय उसके मन में आया कि अपने पास कितनी भी धन-संपत्ति हो, फिर भी धन की वृद्धि करने के लिए धनोपार्जन का सतत प्रयास करते रहना चाहिए। मित्र और बंधु-बांधव तभी तक आत्मीयता दिखाते हैं, जब तक मनुष्य के पास धन होता है। धनवान् व्यक्ति को ही उत्तम पुरुष और विद्वान् भी माना जाता है। इसलिए बुद्धिमान व्यक्ति को निरंतर धन की वृद्धि के लिए उचित उपाय करते रहना चाहिए।

उसने अंततः व्यापार करने का निश्चय कर लिया। अगले दिन से ही उसने व्यापार के लिए तैयारी आरंभ कर दी। उसने ढेर सारी ऐसी सामग्री खरीदी जो परदेश में अच्छे मूल्य पर बिक सके। एक दिन सारी सामग्री रथों पर लादकर वह व्यापारियों के एक दल के साथ मथुरा की ओर चल पड़ा।

वर्धमान के रथ में उसके दो प्रिय बैल जुते थे। एक का नाम संजीवक था, दूसरे का नंदक। दोनों ही खूब हृष्ट-पुष्ट और बलिष्ठ थे। लेकिन यमुना नदी के पास जंगल के भीतर फैले दलदल में फँस जाने के कारण संजीवक सहसा जुआ तोड़कर गिर पड़ा। उसका एक पाँव टूट जाने के कारण वह चलने में असमर्थ हो गया। वर्धमान संजीवक को बहुत चाहता था। उसकी पीड़ा से दुखी वह तीन रातों तक जंगल में ही पड़ा रहा। उसे आशा थी कि शायद कुछ सँभल जाने पर संजीवक फिर चल सके।

वर्धमान के साथी व्यापारियों ने उसे समझाया कि संजीवक के कारण सिंह, बाघ आदि वन्य पशु आसपास ही मँडराने लगे हैं। इस एक बैल के लिए हम सबका जीवन खतरे में डालना ठीक नहीं। बुद्धिमानों को चाहिए कि जब बहुत कुछ दाँव पर लगा हो तो थोड़े का त्याग करके अधिक-से-अधिक बचा लें। आप भी संजीवक का मोह छोड़कर यहाँ से निकल चलें। इसीमें हम सबकी भलाई है।

संजीवक को उस दशा में छोड़ते बड़ी पीड़ा हो रही थी, तो भी विवशता थी। वर्धमान ने संजीवक की रक्षा के लिए कुछ रक्षक नियुक्त कर दिए और स्वयं दल के साथ मथुरा नगर की ओर बढ़ गया।

उनके जाने के बाद रक्षकों की रात बड़ी कठिनाई से बीती। चारों ओर से हिंस्र जंतुओं की दहाड़ सुनाई पड़ रही थी। भोर होते ही सारे रक्षक वहाँ से भागे और जाकर व्यापारियों के दल में मिल गए। उन्होंने वर्धमान को झूठी सूचना दी कि संजीवक तो रात में ही मर गया। वर्धमान दु:ख से तड़प उठा; लेकिन अब कर भी क्या सकता था!

उधर यमुना-तट की शीतल बयार से संजीवक धीरे-धीरे स्वस्थ हो चला। फिर एक दिन वह उठ खड़ा हुआ। तट पर जाकर वह हरी-हरी कोमल घास चरने लगा। शरीर में जान पड़ी और कुछ ही दिनों में वह स्वच्छंदतापूर्वक चरता-खाता हुआ काफी बलिष्ठ हो गया। रग-पुट्ठे कस उठे। ऊँची डील के कारण वह खूब स्वस्थ और बलशाली दिखने लगा। अब वह प्राय: इधर-उधर भटकता रहता और जोश में आकर शिखर को अपने भारी-भरकम सींगों से चीरता-सा जोर-जोर से डकारता-हुंकारता रहता था।

उस वन का राजा एक सिंह था। उसका नाम था पिंगलक। एक दिन पिंगलक पानी पीने के लिए यमुना-तट पर पहुँचा ही था कि पास ही कहीं से संजीवक का गंभीर गर्जन सुनाई पड़ा। उस विचित्र गर्जन को सुनकर पिंगलक आतंकित हो उठा। व्याकुल होकर वह बिना पानी पिए ही लौट पड़ा और घने जंगल

के बीच एक वट वृक्ष के नीचे छिपकर बैठ गया। सावधानी के लिए उसने अपने मित्रों, अमात्यों और बंधु-बांधवों को अपने चारों और व्यूह बनाकर बैठा दिया, जिससे कोई अचानक सीधा उसपर आक्रमण न कर सके।

पिंगलक का पहले एक श्रृगाल मंत्री था। अब वह तो जीवित नहीं था, पर उसके दो पुत्र थे—करटक और दमनक। इन दोनों को पिंगलक सिंह की सभा में मंत्री का पद नहीं मिला था। इस बात से दोनों दुखी भी थे; किंतु वे सदा वनराज पिंगलक के आगे-पीछे ही रहते थे।

उन दोनों ने पिंगलक को इस प्रकार चारों ओर घेरा-सा बनाकर दुबके बैठे देखा तो आपस में विचार करने लगे।

दमनक बोला, "भाई करटक, हमारा स्वामी राजा पिंगलक प्यास से व्याकुल होकर यमुना-तट पर पानी पीने गया था। लेकिन बिना पानी पिए ही एकाएक लौट आया और इस तरह व्यूह के बीच दुबककर बैठा है। आखिर इसका क्या कारण हो सकता है?"

करटक ने खीजकर कहा, "अरे होगा कुछ। वह जाने और उसके मंत्री जानें! हमें इस बखेड़े में पड़ने से क्या लाभ! बिना किसी मतलब के कोई काम नहीं करना चाहिए। ऐसे ही बेकार का काम करने के कारण बेचारा बंदर जान से हाथ धो बैठा था।"

"यह बंदरवाली कथा कैसी है?" दमनक ने पूछा।

करटक सुनाने लगा—

कील उखाड़नेवाला बंदर

एक धनवान् वणिकपुत्र बड़ा धार्मिक स्वभाव का था। उसने अपने नगर के निकट ही एक उपवन में वृक्षों के बीच मंदिर बनवाने की सोची। बस, सोचने की देर थी, काम शुरू हो गया। मंदिर की नींव पड़ गई।

स्तंभ बनने लगे। मंदिर में लगाने के लिए पास ही लकड़ी की चिराई होने लगी।

दोपहर में सभी शिल्पी–कारीगर तथा बढ़ई–मजदूर भोजन करने के लिए नगर की ओर चले जाते थे।

एक दोपहरी में बंदरों का झुंड भटकता–भटकता उस ओर आ निकला। वहाँ सुनसान देखकर बंदर मौज में आकर खेलने–कूदने लगे। एक नटखट बंदर पास ही पड़े लकड़ी के मोटे से कुंदे पर चढ़ गया। वह अर्जुनवृक्ष का भारी–भरकम तना था। बढ़ई पल्ले बनाने के लिए उसकी चिराई कर रहे थे। कुंदा आधी दूर तक चीर दिया गया था। दोनों खंडों को अलग रखने के लिए बढ़ई ने बीचोबीच खैर की लकड़ी की एक मोटी–सी कील बनाकर फँसा रखी थी।

उसपर निगाह पड़ते ही नटखट बंदर जाकर चिरे हुए खंडों के बीचोबीच बैठ गया। कुछ देर इधर–

उधर कूदता रहा, फिर कील को हिलाने लगा। थोड़ी देर बाद उसने अचानक कील उखाड़ ली। कील हटते ही कुंदे के दोनों खंड जोर से जुड़ गए। बंदर उनके बीच फँसा था। वह कुचला गया और देखते–ही–देखते तड़पकर मर गया।

☐

कहानी सुनाकर करटक बोला, ''इसीलिए कहता हूँ कि जिस काम से कोई अर्थ न सिद्ध होता हो, उसे नहीं करना चाहिए। व्यर्थ का काम करने से जान भी जा सकती है। अरे, अब भी पिंगलक जो शिकार

करके लाता है, उससे हमें भरपेट भोजन तो मिल ही जाता है। तब बेकार ही झंझट में पड़ने से क्या फायदा!''

दमनक बोला, ''तो तुम क्या केवल भोजन के लिए ही जीते हो? यह तो ठीक नहीं। अपना पेट कौन नहीं भर लेता! जीना तो उसका ही उचित है, जिसके जीने से और भी अनेक लोगों का जीवन चलता हो। दूसरी बात यह कि शक्ति होते हुए भी जो उसका उपयोग नहीं करता और उसे यों ही नष्ट होने देता है, उसे भी अंत में अपमानित होना पड़ता है!''

करटक ने कहा, ''लेकिन हम दोनों तो ऐसे भी मंत्रीपद से च्युत हैं। फिर राजा के बारे में यह सब जानने की चेष्टा करने से क्या लाभ? ऐसी हालत में तो राजा से कुछ कहना भी अपनी हँसी उड़वाना ही होगा। व्यक्ति को अपनी वाणी का उपयोग भी वहीं करना चाहिए, जहाँ उसके प्रयोग से किसीका कुछ लाभ हो!''

''भाई, तुम ठीक नहीं समझते। राजा से दूर रहकर तो रही-सही इज्जत भी गँवा देंगे हम। जो राजा के समीप रहता है, उसीपर राजा की निगाह भी रहती है और राजा के पास होने से ही व्यक्ति असाधारण हो जाता है।''

करटक ने पूछा, ''तुम आखिर करना क्या चाहते हो?''

''हमारा स्वामी पिंगलक आज भयभीत है।'' दमनक बोला, ''उसके सारे सहचर भी डरे-डरे-से हैं। मैं उनके भय का कारण जानना चाहता हूँ।''

''तुम्हें कैसे पता कि वे डरे हुए हैं?''

''लो, यह भी कोई मुश्किल है! पिंगलक के हाव-भाव, चाल-ढाल, उसकी बातचीत, आँखों और चेहरे से ही स्पष्ट जान पड़ता है कि वह भयभीत है। मैं उसके पास जाकर उसके भय के कारण का पता करूँगा। फिर अपनी बुद्धि का प्रयोग करके उसका भय दूर कर दूँगा। इस तरह उसे वश में करके मैं फिर से अपना मंत्रीपद प्राप्त करूँगा।''

करटक ने फिर भी शंका जताई, ''तुम इस विषय में तो कुछ जानते नहीं कि राजा की सेवा किस प्रकार करनी चाहिए। ऐसी स्थिति में उसे वश में कैसे कर लोगे?''

दमनक बोला, ''राजसेवा के बारे में मैं नहीं जानता, यह तुम कैसे कह सकते हो? बचपन में पिता के साथ रहकर मैंने सेवाधर्म तथा राजनीति के विषय में जो कुछ भी सुना, सब अच्छी तरह सीख लिया है। इस पृथ्वी में अपार स्वर्ण है; उसे तो बस शूरवीर, विद्वान् तथा राजा के चतुर सेवक ही प्राप्त कर सकते हैं।''

करटक को फिर भी विश्वास नहीं आ रहा था। उसने कहा, ''मुझे यह बताओ कि तुम पिंगलक के पास जाकर कहोगे क्या?''

''अभी से मैं क्या कहूँ! वार्त्तालाप के समय तो एक बात से दूसरी बात अपने आप निकलती जाती है। जैसा प्रसंग आएगा वैसी ही बात करूँगा। उचित-अनुचित और समय का विचार करके ही जो कहना होगा, कहूँगा। पिता की गोद में ही मैंने यह नीति-वचन सुना है कि अप्रासंगिक बात कहनेवाले को अपमान

सहना ही पड़ता है, चाहे वह देवताओं के गुरु बृहस्पति ही क्यों न हों।''

करटक ने कहा, ''तो फिर यह भी याद रखना कि शेर-बाघ आदि हिंस्र जंतुओं तथा सर्प जैसे कुटिल जंतुओं से संपन्न पर्वत जिस प्रकार दुर्गम और विषम होते हैं उसी प्रकार राजा भी क्रूर तथा दुष्ट व्यक्तियों की संगति के कारण बड़े कठोर होते हैं। जल्दी प्रसन्न नहीं होते और यदि कोई भूल से भी राजा की इच्छा के विरुद्ध कुछ कर दे तो साँप की तरह डसकर उसे नष्ट करते उन्हें देर नहीं लगती।''

दमनक बोला, ''आप ठीक कहते हैं। बुद्धिमान व्यक्ति को स्वामी की इच्छा के अनुकूल कार्य करके उसे प्रसंन्न करना चाहिए। इसी मंत्र से उसे वश में किया जा सकता है।''

करटक ने समझ लिया कि दमनक ने मन-ही-मन पिंगलक से मिलने का दृढ़ निश्चय कर लिया है। वह बोला, ''ऐसा विचार है तो अवश्य जाओ। बस, मेरी एक बात रखना कि राजा के पास पहुँचकर हर समय सावधान रहना। तुम्हारे साथ ही मेरा भविष्य भी जुड़ा है। तुम्हारा पथ मंगलमय हो।''

करटक की अनुमति पाकर दमनक उसे प्रणाम करके पिंगलक से मिलने के लिए चल पड़ा।

सुरक्षा के लिए व्यूह के बीचोबीच बैठे पिंगलक ने दूर से ही दमनक को अपनी ओर आते देख लिया। उसने व्यूह के द्वार पर नियुक्त प्रहरी से कहा, ''मेरे पूर्व महामंत्री का पुत्र दमनक आ रहा है। उसे निर्भय प्रवेश करने दो और उचित आसन पर बैठाने का प्रबंध करो।''

दमनक ने बेरोक-टोक पिंगलक के पास पहुँचकर उसे प्रणाम किया। साथ ही उसका संकेत पाकर वह निकट ही दूसरे मंडल में बैठ गया।

सिंहराज पिंगलक ने अपना भारी पंजा उठाकर स्नेह दिखाते हुए दमनक के कंधे पर रखा और आदर के साथ पूछा, ''कहो, दमनक, कुशल से तो रहे? आज बहुत दिनों के बाद दिखाई पड़े। किधर से आ रहे हो?''

दमनक बोला, ''महाराज के चरणों में हमारा क्या प्रयोजन हो सकता है! किंतु समय के अनुसार राजाओं को भी उत्तम, मध्यम तथा अधम—हर कोटि के व्यक्ति से काम पड़ सकता है। ऐसे भी हम लोग महाराज के सदा से ही सेवक रहते आए

हैं। दुर्भाग्य से हमें हमारा पद और अधिकार नहीं मिल पाया है तो भी हम आपकी सेवा छोड़कर कहाँ जा सकते हैं। हम लाख छोटे और असमर्थ सही, किंतु कोई ऐसा भी अवसर आ सकता है, जब महाराज हमारी ही सेवा लेने का विचार करें।''

पिंगलक उस समय उद्विग्न था। बोला, ''तुम छोटे-बड़े या समर्थ-असमर्थ की बात छोड़ो, दमनक। तुम हमारे मंत्री के पुत्र हो, अतः तुम जो भी कहना चाहते हो, निर्भय होकर कहो।''

अभयदान पाकर भी चालाक दमनक ने राजा के भय के विषय में सबके सामने बात करना ठीक नहीं समझा। उसने अपनी बात कहने के लिए एकांत का अनुरोध किया।

पिंगलक ने अपने अनुचरों की ओर देखा। राजा की इच्छा समझकर आसपास के जीव-जंतु हटकर दूर जा बैठे।

एकांत होने पर दमनक ने बड़ी चतुराई से पिंगलक की दुखती रग ही छेड़ दी। बोला, ''स्वामी, आप तो यमुना-तट पर पानी पीने जा रहे थे, फिर सहसा प्यासे ही लौटकर इस मंडल के बीच इस तरह चिंता से व्यग्र होकर क्यों बैठे हैं?''

दमनक की बात सुनकर सिंह पहले तो सकुचा गया। फिर दमनक की चतुराई पर भरोसा करके उसने अपना भेद खोल देना उचित समझा। पल-भर सोचकर बोला, ''दमनक, यह जो रह-रहकर गर्जना-सी होती है, इसे तुम भी सुन रहे हो न?''

''सुन रहा हूँ, महाराज!''

''बस, इसीके कारण मैं क्षुब्ध हूँ। तट पर यही गर्जना बार-बार हो रही थी। लगता है, इस वन में कोई विकट जंतु आ गया है। जिसकी गर्जना ही इतनी भयंकर है, वह स्वयं कैसा होगा! इसीके कारण मैं तो यह जंगल छोड़कर कहीं और चले जाने का विचार कर रहा हूँ।''

दमनक ने कहा, ''लेकिन मात्र शब्द सुनकर भय के मारे अपना राज्य छोड़ना तो उचित नहीं है, महाराज! शब्द अथवा ध्वनि का क्या है। कितने ही बाजों की ध्वनि भी गर्जना की-सी बड़ी गंभीर होती है और अपने पुरखों का स्थान छोड़ने से पहले पता तो करना ही चाहिए कि ध्वनि का कारण क्या है। यह तो गोमायु गीदड़ की तरह डरने की बात हुई, जिसे बाद में पता चला कि ढोल में तो पोल-ही-पोल है।''

पिंगलक ने पूछा, ''गोमायु गीदड़ के साथ क्या घटना हुई थी?''

दमनक गोमायु की कहानी सुनाने लगा—

ढोल में पोल

भूख से परेशान होकर गोमायु नामक एक गीदड़ इधर-उधर भटक रहा था। घूमते-घूमते वह ऐसी जगह पर जा पहुँचा, जहाँ दो सेनाओं का युद्ध हो चुका था। युद्धभूमि में निकट ही एक वृक्ष के नीचे भारी-

सा नगाड़ा पड़ा था। हवा से हिलनेवाली वृक्ष की टहनियाँ नगाड़े से टकरातीं तो ढम-ढम की आवाज होती थी। गोमायु नगाड़े से उठती तेज आवाजें सुनकर बहुत डर गया। उसे लगा कि अंतकाल ही निकट आ गया है! भलाई इसीमें है कि मैं यह जंगल छोड़कर कहीं दूसरी जगह चला जाऊँ। फिर विचार आया कि अपने पूर्वजों का निवास यह जंगल छोड़कर जाना भी ठीक नहीं है। जो व्यक्ति भय और प्रसन्नता के जोश में बिना सोचे-समझे जल्दबाजी में कोई काम करता है, उसे बाद में पछताना पड़ता है।

गोमायु ने निश्चय किया कि पहले यह जानने की कोशिश करनी चाहिए कि यह भयंकर आवाज आ कहाँ से रही है। वह धीरे-धीरे टोह लेता हुआ वहीं जा पहुँचा, जहाँ नगाड़ा पड़ा था। गोमायु ने इससे पहले कभी नगाड़ा नहीं देखा था। सामने इतना भारी-भरकम जीव देखकर उसके मुँह में पानी आ गया। उसने सोचा, बहुत दिनों के बाद भरपेट भोजन करने की कोई इतनी बड़ी चीज मिली है। इसमें अवश्य काफी मात्रा में मांस, खून और चरबी भरी होगी। यह सोचकर उसने नगाड़े पर मढ़ा हुआ कड़ा चमड़ा किसी तरह एक जगह से काट डाला और बड़ी आशा के साथ छेद में से भीतर घुस गया। लेकिन भीतर उसे क्या मिलना था! सूखा चमड़ा काटने के कारण उसके दाँत भी टूट गए थे। काठ से तो पेट भरता नहीं। उसकी समझ में यह भी आया कि केवल आवाज सुनकर ही नहीं डर जाना चाहिए। अगर डर कर वह भागता तो पुरखों का घर भी हाथ से चला गया होता।

□

यह कहानी सुनने के बाद पिंगलक ने कहा, ''भाई, मैं क्या करूँ? जब मेरा पूरा परिवार और सभी साथी भयभीत होकर भागने पर तुले हैं तो अकेला मैं ही कैसे धैर्य से रह सकता हूँ?''

दमनक ने कहा, ''इसमें आपके सेवकों का क्या दोष है! जैसा मालिक करेगा वैसा ही सेवक करेंगे। तो भी आप तब तक यहाँ ठहरिए जब तक मैं उस आवाज के विषय में ठीक-ठीक पता न लगा लूँ।''

पिंगलक ने आश्चर्य से पूछा, ''क्या तुम वास्तव में वहाँ जाने की सोच रहे हो?''

दमनक ने जवाब दिया, ''स्वामी की आज्ञा से तो योग्य सेवक कोई भी काम कर सकता है, चाहे उसे साँप के मुँह में हाथ डालना पड़े या समुद्र ही पार करना पड़े। राजाओं को चाहिए कि ऐसे ही सेवक को सदा

अपने निकट रखें।"

पिंगलक ने कहा, "अगर ऐसी बात है तो जाओ, भद्र, तुम्हारा मार्ग मंगलमय हो।"

दमनक उसको प्रणाम करके आवाज की दिशा में चल पड़ा।

पिंगलक को पछतावा होने लगा कि मैंने बेकार ही दमनक की बातों में आकर उसे अपने मन का भेद बता दिया। उसका क्या विश्वास! पहले मंत्री का पद छिन जाने के कारण वह खिन्न तो है ही। बदला लेने के लिए यह भी तो हो सकता है कि दमनक लालच में आकर शत्रु से मिल जाए और बाद में घात लगाकर मुझको ही मरवा दे। खैर, अब तो एक ही रास्ता है कि कहीं दूसरी जगह छिपकर दमनक के आने की राह देखी जाए।

उधर दमनक खोजते-खोजते संजीवक के पास पहुँचा तो उसकी खुशी का ठिकाना न रहा। जिसके डर से सिंह की जान निकल रही थी, वह तो यह मामूली-सा बैल है। दमनक इस स्थिति से लाभ उठाने की सोचने लगा—अब तो इस बैल से संधि या विग्रह, कुछ भी करके पिंगलक को सहज ही अपने वश में किया जा सकता है। यही सोचता-सोचता वह लौटकर पिंगलक के पास पहुँचा।

पिंगलक उसे आते देख सँभलकर बैठ गया। दमनक ने पिंगलक को प्रणाम किया।

पिंगलक ने पूछा, "तुमने उस भयंकर प्राणी को देखा क्या?"

दमनक ने कहा, "आपकी कृपा से मैं उसे देख आया हूँ।"

पिंगलक को आश्चर्य हुआ—"सच?"

पिंगलक ने अपनी झेंप मिटाने के लिए कहा, "तो फिर उस बलवान जंतु ने तुम्हें छोड़ कैसे दिया? शायद उसने इसीलिए तुमको छोड़ दिया होगा कि बलशाली लोग अपने समान बलवाले से ही वैर या मित्रता करते हैं। कहाँ वह महाबली और कहाँ तुम जैसा तुच्छ, विनम्र प्राणी!"

दमनक ने मन का क्षोभ छिपाकर कहा, "ऐसा ही सही। वह सचमुच महान् है। बलशाली है और मैं एकदम क्षुद्र, दीन प्राणी हूँ। तो भी यदि आप कहें तो मैं उसे भी लाकर आपकी सेवा में लगा सकता हूँ।"

पिंगलक ने चकित होकर कहा, "सच कहते हो? ऐसा संभव है?"

दमनक बोला, "बुद्धि के लिए कुछ भी असंभव नहीं।"

तब पिंगलक ने कहा, "अगर ऐसी बात है तो मैं आज से ही तुमको अपना मंत्री नियुक्त करता हूँ। तुम्हें प्रजा पर दया और दंड के अधिकार देता हूँ।"

पद और अधिकार पाकर प्रसन्न दमनक बड़ी शान से चलता हुआ संजीवक के पास पहुँचा और गुर्राकर बोला, "अरे दुष्ट बैल, इधर आ। मेरे स्वामी पिंगलक तुझे बुला रहे हैं। इस प्रकार निश्शंक होकर डकराने-गरजने की तुझे हिम्मत कैसे हुई?"

संजीवक ने पूछा, "यह पिंगलक कौन है, भाई?"

दमनक ने जवाब दिया, "अरे! तू क्या वनराज सिंह पिंगलक को नहीं जानता? अभी तुझे पता चल जाएगा। वह देख, बरगद के पेड़ के नीचे अपने परिवार के साथ जो सिंह बैठा है, वही हमारे स्वामी

पिंगलक हैं।''

यह सुनकर संजीवक की कँपकँपी छूट गई। वह कातर स्वर में बोला, ''भाई, तुम तो चतुर सुजान लगते हो। अपने स्वामी से मुझे माफ करवा दो तो मैं अभी तुम्हारे साथ चला चलता हूँ।''

दमनक ने कहा, ''बात तो ठीक है, तुम्हारी! अच्छा, ठहरो। मैं अभी स्वामी से पूछकर आता हूँ।''

वह पिंगलक के पास जाकर बोला, ''स्वामी, वह कोई मामूली जंतु नहीं है। वह तो भगवान् शंकर का वाहन वृषभ है। मेरे पूछने पर उसने बताया कि भगवान् शंकर के आदेश से वह नित्य यहाँ आकर यमुना-तट पर हरी-हरी घास चरता है और इस वन में घूमा करता है।''

पिंगलक भयभीत होकर बोला, ''यह सच ही होगा, क्योंकि भगवान् की कृपा के बिना घास चरनेवाला यह प्राणी सर्पों से भरे वन में इस तरह से डकराता हुआ, निर्भय विचरण नहीं कर सकता। खैर, यह बता कि अब वह कहता क्या है?''

दमनक बोला, ''मैंने उससे कह दिया है कि यह वन भगवती दुर्गा के वाहन मेरे स्वामी पिंगलक सिंह के अधिकार में है, इसलिए उनके पास चलकर भाईचारे के साथ रहते हुए इस वन में सुख से चरो। मेरी बात सुनकर उसने आपसे मित्रता की याचना की है।''

पिंगलक बहुत खुश हुआ। वह प्रशंसा करते हुए बोला, ''मंत्रिवर, तुम धन्य हो! मैंने उसको अभयदान दिया; लेकिन तुम मुझे भी उससे अभयदान दिलाकर मेरे पास ले आओ।''

दमनक अपनी बुद्धि और भाग्य पर इतराता हुआ फिर संजीवक के पास पहुँचा। बोला, ''मित्र! मेरे स्वामी ने तुमको अभयदान दे दिया है। अब तुम निडर होकर मेरे साथ चलो। किंतु याद रहे कि राजा का साथ और कृपा पाने के बाद भी तुम हमसे उचित व्यवहार ही करना। कहीं घमंड में आकर मनमाना आचरण न कर बैठना। मैं समयानुकूल ही शासन करूँगा। मंत्री के पद पर तुम्हारे रहने से हम दोनों को राज्य-लक्ष्मी का सुख मिलेगा। जो व्यक्ति अहंकार के कारण उत्तम, मध्यम और अधम व्यक्तियों का उचित सम्मान नहीं करते, वे राजा का सम्मान पाने के बाद भी दंतिल की तरह दुःख भोगते हैं।''

संजीवक ने पूछा, ''यह दंतिल कौन था?''

दमनक कथा सुनाने लगा—

औरों का सम्मान

वर्धमान नगर में दंतिल नाम का एक सेठ रहता था। वह नगर का नायक भी था। उसके सेवा-भाव से वहाँ की प्रजा और राजा दोनों ही प्रसन्न थे। वह बहुत समझदार और योग्य था।

कुछ समय बाद दंतिल का विवाह तय हुआ। अपने विवाह के समारोह में उसने सभी नगरवासियों और राजकर्मचारियों को आमंत्रित किया। अतिथियों में राजभवन का सफाई कर्मचारी गोरंभ भी आया था।

वह उत्सव में मौज में आकर ऊँचे आसन पर बैठ गया। सेठ दंतिल ने उसे पहचान लिया। उसकी धृष्टता से नाराज होकर सेठ ने उसको धक्के देकर बाहर निकाल दिया। गोरंभ अपमान से धधक उठा। उसने मन-ही-मन ठान ली कि इस सेठ से बदला लेकर रहूँगा। राजा की नजरों में इसे गिराकर ही दम लूँगा।

एक दिन सुबह राजा अपने कमरे में लेटा हुआ था और गोरंभ पास में ही झाड़ू लगा रहा था। वह अचानक बड़बड़ाने लगा, "कितने आश्चर्य की बात है! यह ढीठ दंतिल घमंड में आकर पटरानी का भी आलिंगन करता है।" यह सुनकर राजा हड़बड़ाकर उठ बैठा। उसने गोरंभ को पास बुलाकर पूछा, "जो तू कह रहा है, क्या यह सच है?"

गोरंभ ने घबराई आवाज में उत्तर दिया, "स्वामी, मैं सारी रात जुआ खेलता रहा, इसलिए नींद-सी आ रही है। शायद मैं उनींदेपन में ही कुछ बड़बड़ा रहा था!"

गोरंभ तो बात टाल गया, किंतु राजा के मन में ईर्ष्या की आग भड़क चुकी थी। वह सोचने लगा कि दंतिल का महल में बेरोक-टोक आना-जाना है। इसलिए हो सकता है कि गोरंभ ने कभी दंतिल को रानी का आलिंगन करते देख लिया हो। शंका के कारण राजा के मन में दंतिल के प्रति वैरभाव जाग उठा। उसने अगले ही दिन राजभवन में दंतिल के प्रवेश पर रोक लगा दी।

दंतिल सेठ हक्का-बक्का रह गया। वह सोचने लगा, उसने तो राजा या उसके परिजनों का कभी स्वप्न में भी बुरा नहीं चाहा। तब राजा मुझसे इतना विमुख क्यों हो गया?

एक दिन दंतिल कुछ सोचकर राजभवन पहुँचा। द्वारपाल ने उसे रोक दिया। वहीं मौजूद गोरंभ ने सेठ पर व्यंग्य कसते हुए द्वारपाल से कहा, "अरे भाई! इनको क्यों रोकते हो? ऐसा न हो कि तुम्हीं धक्के देकर बाहर निकाल दिए जाओ।"

यह सुनकर तुरंत ही दंतिल की समझ में आ गया कि राजा को भड़काने का काम जरूर गोरंभ ने ही किया है। वह जानता था कि चाहे गोरंभ अकुलीन हो या मूर्ख, लेकिन राजा का सबसे छोटा सेवक होते हुए भी वह सब जगह मान पाता है। घर लौटकर दंतिल ने ठंडे मन से सोच-विचार किया। फिर उसने गोरंभ को अपने पास बुलवाया और वस्त्र आदि से उसे सम्मानित किया। फिर बोला, ''मैंने उस दिन तुम्हारा अपमान इसलिए किया था कि तुम विद्वानों के सामने ऊँचे स्थान पर बैठ गए थे। लेकिन उसके लिए मैं अब तुमसे क्षमा माँगता हूँ।''

वस्त्र और आदर पाकर गोरंभ का वैरभाव जाता रहा। उसने कहा, ''जो हुआ, सो हुआ। अब मेरी बुद्धि का चमत्कार देखना।''

एक दिन सुबह राजभवन में अधसोए राजा के पास ही झाड़ू लगाते हुए गोरंभ फिर उनींदा-सा बड़बड़ाने लगा, ''आश्चर्य की बात है, हमारा राजा इतना अज्ञानी है कि मल-त्याग करते समय ककड़ी खाता है।''

यह सुनकर राजा को बड़ा आश्चर्य हुआ। वह क्रोधित होकर बोला, ''गोरंभ! यह तू क्या उलटा-सीधा बक रहा है! घर का सेवक समझकर मैं तुझे दंड नहीं देता, इसीलिए तू सिर चढ़ गया है! तूने मुझे कब इस प्रकार ककड़ी खाते देखा?''

गोरंभ ने घबराई हुई आवाज में कहा, ''स्वामी, जुए में रात-भर जागने के कारण मुझे नींद-सी आ रही है। इसलिए पता नहीं मैं क्या-क्या बक गया! आप मुझे क्षमा करें, महाराज!''

तब राजा को बात समझ में आई कि जिस तरह यह मेरे बारे में उलटी-सीधी बात कर रहा है, उसी प्रकार दंतिल के बारे में भी की होगी। इसकी बकवास के आधार पर मैंने दंतिल को राज-काज और नगर-कार्य से वंचित करके अच्छा नहीं किया। राजा ने उसी दिन दंतिल को राजसभा में बुलाकर फिर से उसे उसका अधिकार और पद सौंप दिया। इसीलिए कहा गया है कि उत्तम, मध्यम और अधम तीनों श्रेणियों के लोगों का उचित सम्मान करना चाहिए।

□

दमनक से यह कथा सुनकर संजीवक ने कहा, ''ठीक है। तुम जो कहते हो, वही करूँगा।''

तब दमनक उसे साथ लेकर पिंगलक के पास आया। बोला, ''महाराज, मैं संजीवक को ले आया हूँ।''

संजीवक ने भी पिंगलक को नमस्कार किया और पास ही बैठ गया।

पिंगलक ने संजीवक बैल के ऊपर अपना दाहिना हाथ रखते हुए पूछा, ''आप इस वन में कहाँ से आए हैं? यहाँ कुशल से तो रहते हैं?''

संजीवक ने अपनी सारी कथा उसको सुना दी।

पिंगलक ने उसकी कथा सुनकर उससे कहा कि तुम निडर होकर मेरे द्वारा सुरक्षित इस वन में विचरण करो। इसके बाद पिंगलक ने अपने जंगल का राजकाज नए मंत्रियों करटक और दमनक को सौंप दिया और खुद संजीवक के साथ आनंद से रहने लगा।

संजीवक ने कुछ दिनों में ही अपनी बुद्धि के प्रभाव से जंगली पिंगलक की हिंसक आदतें छुड़ाकर उसे ग्राम्य धर्म में लगा दिया। पिंगलक भी उसकी बातों में रुचि लेने लगा। उसकी हिंसा की वृत्ति समाप्त हो गई। वह अब हरिणों और दूसरे जानवरों को अपने नजदीक नहीं आने देता था। करटक और दमनक को भी दूर-ही-दूर रखता था।

परिणाम यह हुआ कि सिंह के शिकार से बचे हुए भोजन से ही पेट भरनेवाले छोटे-छोटे जानवर भूख से व्याकुल हो गए। करटक, दमनक और दूसरे जानवर इस स्थिति पर चिंता करने लगे। वे सोचने लगे कि जब भगवान् शंकर के गले में लिपटा हुआ साँप, गणेशजी के वाहन चूहे को निगल जाना चाहता है, जब कार्तिकेय का वाहन मोर शंकरजी के साँप को खाना चाहता है, जब साँप को मारकर खानेवाले मोर को भी पार्वती का वाहन सिंह खाने की इच्छा रखता है, तब यह अहिंसा का नाटक क्यों?

दमनक ने करटक से कहा, ''अरे भई, अब तो पिंगलक और संजीवक में ऐसी प्रगाढ़ मित्रता हो गई है कि पिंगलक हम लोगों से विमुख ही हो गया। हमारे कितने ही साथी भी भाग गए। हमें राजा को समझाना चाहिए। मंत्री का धर्म है कि वह ठीक समय पर राजा को समझाए।''

करटक ने कहा, ''तुमने ही तो यह आग लगाई है। तुम्हींने इस घास चरनेवाले जानवर को हमारे स्वामी का मित्र बनाया है।''

दमनक बोला, ''यह सच है। दोष तो मेरा ही है, पिंगलक का नहीं। किंतु मैंने जैसे उनकी मित्रता कराई थी, वैसे ही अब उनकी मित्रता को भंग भी करा दूँगा।''

करटक ने कहा, ''लेकिन संजीवक बैल होने पर भी बड़ा बुद्धिमान प्राणी है। उधर सिंह पिंगलक भी भयानक है। यह ठीक है कि तुम्हारी बुद्धि तेज है, फिर भी तुम इन दोनों को अब अलग करने में कैसे समर्थ हो पाओगे?''

दमनक ने कहा, ''भाई! असमर्थ होते हुए भी मैं समर्थ हूँ। जो काम पराक्रम से पूरा नहीं हो पाता उसे भी चतुर व्यक्ति युक्ति से पूरा कर सकते हैं। जैसे कौए ने सोने के सूत्र के सहारे विषधर काले साँप का अंत कर दिया था!''

करटक ने पूछा, ''वह कैसे हुआ था?''

दमनक कहने लगा—

चतुरता

बरगद के एक विशाल वृक्ष पर कौए का एक जोड़ा रहता था। वे बड़े दुखी थे। जब भी इस जोड़े के अंडे-बच्चे होते, पेड़ की खोह में रहनेवाला एक काला साँप उनको खा जाता था। इस बात से कौआ दंपती बहुत पीड़ित थे।

एक दिन वे दोनों एक वृक्ष की जड़ में बनी खोह में रहनेवाले अपने प्रिय मित्र सियार के पास गए और अपना दुखड़ा रोने लगे—''एक दुष्ट काला साँप पेड़ की खोंडर से निकलकर हमारे बच्चों को खा जाता है। ऐसी स्थिति में हमें क्या करना चाहिए? वहाँ रहते हुए तो हम दोनों को भी प्राणों का भय बना रहता है।''

सियार ने कहा, ''इसमें दुखी होने की कोई बात नहीं। उस लालची साँप को किसी दूसरे उपाय से मारना होगा। जो विजय चतुराई या तरकीब से हो सकती है, वह कभी-कभी हथियारों के बल से भी प्राप्त नहीं हो सकती। उपाय जाननेवाला व्यक्ति

चाहे शरीर से कमजोर ही क्यों न हो, वह बड़े-बड़े वीरों को भी परास्त कर देता है। जैसे उत्तम, मध्यम और अधम प्रकार की मछलियों को खाकर भी अधिक लालच के कारण एक बगुले को केकड़े की पकड़ में आकर जान से हाथ धोने पड़े थे।''

उन दोनों ने पूछा, ''यह कैसे हुआ?''

सियार बताने लगा—

बगुला भगत

किसी प्रदेश में एक बहुत बड़ा तालाब था। उसमें अनेक प्रकार के जलचर रहते थे। वहाँ एक बूढ़ा बगुला भी रहता था। वह बुढ़ापे में अशक्त हो जाने के कारण अब मछलियों को पकड़ने में असमर्थ हो चला था, इसलिए तालाब के किनारे बैठा भूख से व्याकुल आँसू बहाता रहता था।

एक बार जलचरों के साथ एक केकड़ा उसके पास आया। बूढ़े, उदास बगुले से सहानुभूति जताते हुए उसने आदर सहित पूछा, ''मामा, क्या आजकल तुमने खाना-पीना छोड़ दिया है? आँखों में आँसू भरकर बस, लंबी-लंबी साँसें लेते बैठे रहते हो।''

बगुले ने कहा, ''बेटा, तुमने ठीक ही समझा। मुझे अब मछली मारकर खाने की ओर से वैराग्य हो गया है। आजकल मैं प्रायः निराहार ही रहता हूँ। अब तो समीप आई हुई मछलियों को भी मारकर नहीं खाता।''

केकड़े ने पूछा, ''लेकिन अचानक यह वैराग्य कैसे हो गया?''

बगुले ने उत्तर दिया, ''पुत्र! मैं इस तालाब में ही पैदा हुआ था और यहीं इतनी उम्र बिताई। अब मैंने सुना है कि बारह वर्षों तक पानी ही नहीं बरसेगा।''

केकड़े ने पूछा, ''तुमने ऐसा किससे सुना है?''

बगुले ने बताया, ''मैंने ज्योतिषियों के मुँह से यह बात सुनी है। शनि नक्षत्र अब रोहिणी मंडल को छोड़कर शुक्र के निकट पहुँच जाएगा। वराहमिहिर का कहना है कि ऐसी स्थिति में बारह वर्षों तक वर्षा नहीं होती। इस तालाब में पहले ही पानी कम है। अब रहा-सहा पानी भी शीघ्र ही सूख जाएगा। तालाब के सूख जाने पर जो प्राणी इसमें रहते हैं, वे सब मर जाएँगे। उनका वियोग सहने की शक्ति अब मुझमें नहीं है। इसीलिए मैंने खाना-पीना छोड़कर प्राण त्याग देने का निश्चय कर लिया है। आजकल छोटे-छोटे तालाबों में रहनेवाले जलचर भी अपने मित्रों और संबंधियों की मदद से बड़े-बड़े तालाबों में जा रहे हैं। लेकिन इस तालाब के जलजंतु निश्चिंत होकर मौज मना रहे हैं। मैं इनके विनाश की बात सोचकर रोता रहता हूँ।''

बगुले की यह बात केकड़े ने दूसरे जलजंतुओं को भी बताई। भयभीत होकर कछुआ आदि जलचरों ने बगुले के पास जाकर पूछा, ''मामा, कोई ऐसा उपाय बताओ, जिससे हमारी रक्षा संभव हो सके।''

बगुले ने बताया, यहाँ से थोड़ी ही दूरी पर जल से भरा हुआ एक विशाल सरोवर है। उसमें कमलिनी के पुष्प खिले रहते हैं। बारह तो क्या, अगले चौबीस साल भी अगर पानी न बरसे तब भी वह तालाब सूखेगा नहीं।''

जलचर सोच में डूब गए कि यहाँ से निकलकर उस सरोवर तक पहुँचेंगे कैसे।

अवसर देखकर चालाक बगुले ने कहा, ''भाई, इस संकट के कारण मैं तुम लोगों के लिए बहुत चिंतित हूँ। मैं तो अब बूढ़ा हो गया हूँ, पर तुम लोगों की भलाई के लिए कुछ करना ही होगा। तुम लोग चाहो तो मैं धीरे-धीरे तुम सबको अपनी पीठ पर बैठाकर वहाँ तक ले जा सकता हूँ।''

सारे जलचर उसकी बात सुनकर खुश हो गए। वे सबके सब उसकी पीठ पर चढ़कर वहाँ से जाने के लिए तैयार हो गए। उनमें होड़-सी लग गई कि कौन पहले जाए। फिर तो वह दुष्ट बगुला प्रतिदिन एक जलचर को अपनी पीठ पर चढ़ाकर ले जाता और फिर शाम को तालाब पर लौट आता। इस प्रकार बुढ़ापे में उसके भोजन की समस्या हल हो गई।

एक दिन केकड़े ने कहा, ''मामा! सबसे पहले तो आपसे मेरी ही बातचीत हुई थी। लेकिन आप मुझे अभी तक वहाँ नहीं ले गए। मेरी भी जान तो बचाइए।''

दुष्ट बगुले ने सोचा कि मछलियाँ तो वह रोज ही खाता है। आज केकड़े को खाकर नए स्वाद का

आनंद लिया जाए। यह सोचकर उसने केकड़े को ही उस दिन अपनी पीठ पर बैठा लिया और उड़ता हुआ उसी चट्टान पर जा उतरा, जहाँ वह रोज मछलियों को रखकर खाया करता था। केकड़े ने बगुले की पीठ पर बैठे-बैठे ही चट्टान पर मछलियों की हड्डियाँ पड़ी देखीं तो वह चौकन्ना हो गया। उसने बगुले से पूछा, ''मामा! सरोवर अभी और कितनी दूर है? मुझे लादे-लादे तो आप थक गए होंगे।''

बगुले ने उसको मूर्ख समझकर उत्तर दिया, ''अरे कैसा तालाब और कैसा सरोवर! यह तो मैंने अपने भोजन का उपाय रचा था। अब तू भी मरने के पहले अपने इष्ट देवता का स्मरण कर ले। मैं थोड़ी ही देर में इस चट्टान पर पटककर तुझे खा जाऊँगा।''

यह सुनते ही केकड़े ने बगुले की कमल-नाल जैसी कोमल गरदन जकड़ ली और तीखे दाँतों से काट डाली। बगुले का तुरंत ही अंत हो गया। किसी तरह केकड़ा बगुले की गरदन पकड़े अपने तालाब तक गया।

दूसरे जलजंतुओं ने देखा तो पूछा, ''अरे केकड़ा भाई! तुम वापस कैसे आ गए? मामा कहाँ रह गए? हम लोग तो उनके साथ जाने को तैयार इंतजार में बैठे हैं।''

यह सुनकर केकड़ा हँस पड़ा। बोला, ''तुम सब मूर्ख हो। वह बगुला महा ठग था। उसने सभी जलजंतुओं को धोखा दिया। वह यहाँ से दूर ले जाकर एक चट्टान पर सबको खा जाता था। मैं उसकी चालाकी समझ गया था। इसलिए बचकर आ गया। उसकी यह गरदन साथ लाया हूँ। अब डरने की कोई बात नहीं है। सब जलचर सुरक्षित रहेंगे।''

□

यह कथा सुनकर कौए ने सियार से पूछा, ''तो भाई, तुम्हीं सोचकर कोई उपाय बताओ कि इस दुष्ट साँप को किस तरह मारा जा सकता है?''

सियार ने कहा, ''तुम नगर में जाओ और घात लगाकर देखो। अगर किसी लापरवाह आदमी का सोने का हार या कोई आभूषण दिखाई पड़े तो उसे लेकर उड़ आओ और आभूषण साँप के खोंडर में डाल दो। बस, वह साँप जरूर मारा जाएगा।''

कौआ तुरंत नगरी की ओर उड़ चला। उसने एक सरोवर में राजमहल की स्त्रियों को स्नान करते हुए देखा। उन्होंने अपने वस्त्र और आभूषण उतारकर किनारे पर यों ही रख दिए थे। उनमें सोने का एक हार भी था। कौआ तुरंत झपटा और हार लेकर अपने पेड़ की ओर उड़ चला।

पहरेदारों ने इनका पीछा किया। कौए ने सोने के हार को साँप की खोंडर में डाल दिया। राजा के सिपाही उस खोंडर तक पहुँचे, तो वहाँ एक काले साँप को फन फैलाए बैठा देखा। उन्होंने साँप को मार डाला और सोने का हार लेकर वापस चले गए। तब से कौआ और उसका परिवार बरगद के पेड़ पर आनंदपूर्वक रहने लगा।

□

यह कथा सुनाकर दमनक ने कहा, ''इसलिए मैं कहता हूँ कि इस दुनिया में बुद्धिमान आदमी के लिए कुछ भी असंभव नहीं। जिसके पास बुद्धि है, बल भी उसीके पास है। बल से मदोन्मत्त एक शेर को एक नन्हे से खरगोश ने मात्र बुद्धिबल से मार डाला था।''

करटक ने पूछा, ''वह कैसे?''

दमनक कहने लगा—

बुद्धि का पराक्रम

किसी वन में भासुरक नाम का एक सिंह रहता था। वह शक्ति के मद में रोज अनेक हरिणों, खरगोशों आदि छोटे जीवों को मार डालता था, फिर भी उसे संतोष नहीं होता था।

एक दिन उस वन के हिरन, सूअर, भैंसा, खरगोश आदि जानवर मिलकर सिंह के पास गए और बोले, ''हे स्वामी! जब आपकी भूख एक ही जीव के मारने से मिट सकती है तो इस प्रकार बीसियों जानवरों को मारने से क्या लाभ है? हम लोगों ने इस विषय में बहुत सोचकर कुछ निर्णय किया है। हम आपको वचन देते हैं कि अब आपके घर पर ही आहार पहुँचा दिया जाएगा। इसके लिए क्रम से एक-एक जानवर आपके पास आता रहेगा। इस प्रकार बिना प्रयत्न किए आपको घर बैठे आहार भी मिल जाएगा और हम सबका विनाश भी नहीं होगा। जो बुद्धिमान व्यक्ति उत्तम रसायन समझकर राज्य का उपभोग करता है, वही स्वस्थ और संपन्न होता है।''

जंगल के जीवों की बात सुनकर भासुरक ने कहा, ''ठीक है। आज से ऐसा ही हो। हाँ, इतना याद रहे कि यदि घर बैठे मेरे पास प्रतिदिन एक प्राणी नहीं आएगा तो मैं सबको मारकर खा जाऊँगा।''

इस निर्णय के बाद वन के सभी जीव-जंतु निर्भय होकर वन में घूमने लगे। प्रतिदिन एक जीव सिंह के पास भेजा जाने लगा। जिसकी बारी आती, उसे दोपहर में सिंह के पास आहार बनने के लिए जाना ही पड़ता था। क्रम से चलते-चलते एक खरगोश की बारी आई। सब जीवों की ओर से दबाव पड़ा तो उसे

विवश होकर सिंह के पास जाना ही पड़ा। वह अनिच्छापूर्वक धीरे-धीरे जाते समय रास्ते में भासुरक को ही समाप्त करने का उपाय सोचता रहा। रास्ते में एक कुआँ पड़ा। कुएँ पर चढ़कर खरगोश ने उसमें झाँका तो उसे अपनी परछाईं दिखाई पड़ी। खरगोश ने सोचा कि उपाय तो अच्छा है। मैं भासुरक को आज इसी कुएँ के सहारे समाप्त कर दूँगा।

इसी चक्कर में उसे बड़ी देर हो गई थी। वह भासुरक के पास पहुँचा तो उसने क्रोध से गरजकर खरगोश की ओर देखा। बोला, ''क्यों रे खरगोश के बच्चे! एक तो तू इतना छोटा है, ऊपर से इतनी देर कर दी? मुझे भूखा तड़पाकर तूने भयंकर अपराध किया है। तुझे तो मैं मारकर खाऊँगा ही, कल बाकी जानवरों को भी मार डालूँगा।''

खरगोश ने गिड़गिड़ाते हुए कहा, ''स्वामी! इसमें मेरा और दूसरे जीवों का कोई अपराध नहीं। असली कारण तो कुछ और ही है।''

सिंह ने कहा, ''जल्दी बता, क्या कारण है?''

खरगोश ने कहा, ''स्वामी! वन के पशुओं ने मुझे छोटा समझकर पाँच खरगोशों को मेरे साथ आपके आहार के लिए भेजा था। लेकिन रास्ते में हमें एक दूसरा शेर मिल गया। उसने अपनी माँद से निकलकर पूछा कि तुम लोग कहाँ जा रहे हो? मैंने उसे बताया कि हम अपने राजा भासुरक के पास, अपनी प्रतिज्ञा

के अनुसार, आहार बनने जा रहे हैं। उस शेर ने गरजकर कहा कि इस वन पर तो मेरा अधिकार है। उसने तो आपको चोर तक कह डाला, महाराज! अपने आपको इस वन का राजा बताकर उसने चार खरगोशों को तो दबोचकर वहीं रोक लिया और मुझे आपके पास भेज दिया। उसने कहलवाया है कि आप दोनों में से जो ज्यादा शक्तिशाली होगा, वही इस वन का राजा होगा। वही पशुओं का भोजन भी किया करेगा। अब आप जैसा उचित समझें, करें।''

सुनकर भासुरक क्रोध से बौखलाकर बोला, ''अगर ऐसी बात है तो तू मुझे अभी उस चोर के पास ले चल। पहले मैं उसीको ठिकाने लगाकर अपना क्रोध उतारूँगा।''

खरगोश ने कहा, ''स्वामी, यह तो उचित ही है। कोई भी राजा अपने राज में किसी और का राज कैसे चलने देगा! लेकिन एक बात है, स्वामी, वह अपने किले में रहता है। किले में रहनेवाला शत्रु कठिनाई से ही पराजित होता है।''

भासुरक ने अकड़कर कहा, ''तू मुझे उसके दुर्ग में ही ले चल। एक बार उस चोर को दिखा-भर दे, मैं उसका अंत कर दूँगा।''

खरगोश ने कहा, ''आप ठीक कहते हैं। किंतु वह मुझे आपसे कहीं अधिक बलशाली जान पड़ता है। शत्रु का बल जाने बिना आपका वहाँ जाना ठीक नहीं।''

भासुरक खरगोश की शंका से स्वयं को अपमानित अनुभव करके क्रोध से पागल हो गया। गरजकर बोला, ''तुझे इन बातों से क्या मतलब! मैं उसके किले में ही उस चोर से निबटना चाहता हूँ।''

खरगोश बोला, ''स्वामी की ऐसी इच्छा है, तो चलिए।''

जब वे कुएँ के पास पहुँचे तो खरगोश ने कुएँ की मुँडेर के पास खड़े होकर कहा, ''स्वामी, आपका प्रताप कौन सहन कर सकता है! आपको दूर से ही देखकर वह चोर सिंह अपने किले में छिप गया है। यह रहा उसका दुर्ग।''

भासुरक ने पूछा, ''कहाँ है वह?''

खरगोश ने उसे कुआँ दिखा दिया।

क्रोध से पागल भासुरक ने कुएँ में झाँककर देखा और अपने प्रतिबिंब को ही शत्रु समझकर वह

जोर-जोर से गरजने लगा। उसके गरजने की प्रतिध्वनि कुएँ में से दुगुनी होकर गूँजी। भासुरक ने उसे शत्रु की दहाड़ समझ, क्रोध के साथ तड़पकर कुएँ में छलाँग लगा दी और उसीमें डूबकर मर गया।

अब खरगोश अन्य पशुओं के साथ मजे से जंगल में रहने लगा।

□

''इसलिए मैं कहता हूँ, जिसके पास बुद्धि है, वही बलवान है।'' दमनक बोला, ''यदि तुम कहो तो मैं पिंगलक और संजीवक के बीच अपनी बुद्धि से वैर पैदा कर सकता हूँ।''

करटक ने कहा, ''यदि ऐसा हो सकता है, तो जाओ। तुम्हारा मार्ग शुभ हो! जैसा चाहो वैसा करो।''

दमनक अवसर खोजने लगा। जब पिंगलक अकेला दिखाई पड़ा तो वह उसके पास पहुँचा और प्रणाम करके पास ही बैठ गया।

पिंगलक ने कहा, ''आज बहुत दिनों बाद दिखाई पड़े।''

दमनक ने जवाब दिया, ''महाराज, बिना काम के मैं आपके पास कैसे आता! हाँ, इधर राजकाज में गड़बड़ देखकर मैं बहुत परेशान हो गया, इसलिए बताने के लिए आज खुद ही आ गया हूँ। अगर कोई किसीकी हानि नहीं चाहता, तो उसको अच्छी-बुरी या राग-द्वेष की कोई भी बात हितकारी हो तो बिना पूछे ही कह देनी चाहिए।''

पिंगलक ने कहा, ''तुम कहना क्या चाहते हो? स्पष्ट रूप से कहो।''

दमनक ने कहा, ''स्वामी, इस संजीवक के मन में आपके लिए बड़ा ही गहरा द्वेष है। उसने एकांत में स्वयं मुझसे कहा कि उसने अब आपका सारा भेद समझ लिया है। सो अब वह आपको ही मारकर स्वयं वन का राजा बनना चाहता है।''

यह सुनकर पिंगलक चुप रह गया। दमनक उसका चेहरा देखकर समझ गया कि यह तो संजीवक के प्रेम में मोहित है।

कुछ देर बाद पिंगलक सशंक स्वर में बोला, ''संजीवक तो मेरा प्राणप्रिय सेवक है। वह मेरे प्रति द्वेष क्यों रखेगा?''

दमनक ने कहा, ''स्वामी, यह जरूरी तो नहीं कि सेवक सदा सेवक ही बना रहे। राजा का कोई भी सेवक ऐसा नहीं होता, जिसे सुख और वैभव की अभिलाषा न हो; केवल शक्तिहीन होने

के कारण वे सेवक बने रहते हैं।''

पिंगलक बोला, ''कुछ भी हो। मेरे मन में संजीवक के लिए कोई वैरभाव नहीं है।''

दमनक ने कहा, ''स्वामी, आपने इस संजीवक में ऐसा कौन-सा गुण देख लिया है, जिसकी वजह से आप उसे अपने पास लगाए रखते हैं? अगर आप समझते हैं कि वह गठीले शरीरवाला बड़ा बलिष्ठ है और उसके द्वारा अपने दुश्मनों का नाश करवाएँगे तो यह कार्य भी उसके द्वारा नहीं हो सकता। वह शाकाहारी है और आपके सभी वैरी मांसाहारी हैं। भलाई तो इसीमें है कि आप उसपर कोई दोष लगाकर उसे मार ही दें।''

पिंगलक ने अचरज से कहा, ''तुम्हारे कहने पर ही मैंने उसे अभय दिया था। अब मैं खुद उसे कैसे मार सकता हूँ? आखिर संजीवक हमारा मित्र है। उसके लिए मेरे मन में कोई वैर नहीं है।''

दमनक ने समझाया, ''स्वामी, राजद्रोही को माफ करना राजधर्म के विरुद्ध है। आपने उसकी मित्रता के कारण राजधर्म का त्याग कर दिया है। आपके सारे अनुयायी और परिजन राजधर्म का अभाव देखकर आपसे विमुख हो गए हैं। शाकाहारी संजीवक से आपकी क्या तुलना! आप मांसाहारी हैं। आपके अनुचर मांसाहारी हैं, तो भी आपने शिकार करना छोड़ दिया है! ऐसे में आपके सहयोगियों को आहार कैसे मिलेगा? आहार न मिलने पर अगर वे आपको छोड़कर चले गए, तो आप खत्म हो जाएँगे। संजीवक के साथ रहते-रहते आपने शिकार में रुचि लेना ही छोड़ दिया। बुरे लोगों की संगति में साधुजन भी बुरे बन जाते हैं; जिस प्रकार दुर्योधन की संगति में भीष्म पितामह को भी राजा विराट की गायें चुराने जाना पड़ा था। स्वामी, अच्छे आदमी नीच का संग नहीं करते। जिसके आचार-विचार की जानकारी न हो, उसको तो आश्रय ही नहीं देना चाहिए। खटमल के दोष के कारण ही बेचारी मंदविसर्पिणी जूँ तक को जान गँवानी पड़ी थी।''

पिंगलक ने पूछा, ''वह कैसे?''

दमनक कथा सुनाने लगा—

कुसंग

एक राजा का शयन-कक्ष बहुत सुंदर था। वहाँ सफेद चादरों के बीच मंदविसर्पिणी नाम की एक जूँ रहती थी। वह वहीं उस राजा का खून चूसती हुई आनंद से अपना जीवन निर्वाह कर रही थी।

एक दिन वहाँ अग्निमुख नाम का एक खटमल घूमता हुआ आ गया। उसे देख जूँ ने दुखी होकर कहा, ''अरे अग्निमुख! तुम इस स्थान पर कहाँ से आ गए? तुमपर किसीकी नजर पड़े, इससे पहले ही यहाँ से भाग जाओ।''

अग्निमुख ने कहा, ''घर आए शत्रु से भी कोई ऐसी बात नहीं कहता! देखो, मैंने ऐसे तो अनेक

व्यक्तियों के लहू का स्वाद चखा है—कड़वा, चरपरा, कसैला और खट्टा—हर प्रकार का। किंतु मैंने मीठे खून का स्वाद कभी नहीं चखा। यदि तुम्हारी कृपा हो तो इस राजा के शरीर में नाना प्रकार के भोजनों से बने मधुर रक्त का स्वाद भी चख लूँ। तुम्हारे घर में मुझ जैसे भूखे प्राणी को भी तृप्त होने का अवसर मिल जाएगा।''

मंदविसर्पिणी ने कहा, ''देखो अग्निमुख, मैं तो राजा का खून तब पीती हूँ, जब वह गहरी नींद सो जाता है; लेकिन तुम स्वभाव के चंचल हो, धीरज से काम लो। थोड़ी देर ठहर जाओ, फिर मेरे साथ ही खून पीना।''

खटमल बोला, ''अच्छा देवी, मैं ऐसा ही करूँगा। मैं अपने गुरु की सौगंध खाता हूँ। जब तक तुम राजा का खून पी नहीं लोगी, तब तक मैं खून नहीं पीऊँगा।''

कुछ देर बाद राजा आया और पलंग पर सो गया।

खटमल को बड़ी उत्सुकता थी। लालची तो वह था ही। उसने राजा के सोने की भी प्रतीक्षा नहीं की और उसे लेटते ही काट लिया। राजा को सुई चुभने का-सा आभास हुआ। वह फौरन उठ बैठा और सेवकों से बोला, ''पलंग की इस चादर में तो खटमल है या जूँ है।''

सेवकों ने तुरंत उस चादर को झाड़ना शुरू कर दिया। धूर्त खटमल तो तुरंत ही भागकर पलंग की दरार में छिप गया। मंदविसर्पिणी बिस्तर की तहों में छिपी बैठी थी। सेवकों ने उसे देख लिया और तुरंत मसल डाला।

□

दमनक ने कहानी सुनाकर कहा, ''इसीलिए मैं कहता हूँ कि जिसके स्वभाव की पूरी जानकारी न हो, उसे आश्रय नहीं देना चाहिए। जो व्यक्ति सगे व्यक्तियों को छोड़कर अनजान लोगों को अपना लेता है, वह नष्ट हो जाता है। राजा ककुद्द्रुम के साथ यही तो हुआ था।''

पिंगलक ने पूछा, ''सो कैसे हुआ?''

दमनक कहने लगा—

अनजाने की मित्रता

किसी जंगल में चंडरव नामक एक शृगाल रहता था। एक बार स्वाद के लालच में वह शहर में चला गया। शहर के कुत्ते उसके पीछे पड़ गए। शृगाल डर के मारे पास ही एक धोबी के घर में घुस गया। धोबी के आँगन में एक नाँद रखी थी, जिसमें नीला रंग घुला हुआ था। सियार घबराहट में उस नाँद में ही कूद गया, जिससे वह पूरी तरह नीले रंग में रँग गया। कुत्तों ने जब उसका नीला शरीर देखा तो उसे कोई विचित्र, भयावह जंतु समझकर भाग गए। चंडरव भी मौका पाकर निकला और सीधे जंगल में चला गया। शिव के कंठ जैसे नीले रंगवाले विचित्र पशु को देखकर शेर और बाघ तक उससे भयभीत हो गए। वे इधर-उधर भागने लगे। हर कोई कह रहा था कि पता नहीं इस अद्‌भुत जंतु का स्वभाव कैसा हो! और यह कितना ताकतवर हो! भलाई इसीमें है कि हम यहाँ से भाग ही जाएँ।

धूर्त चंडरव सियार ने सबको भय से व्याकुल भाँपकर कहा, ''भाई, तुम मुझे देखकर इस तरह क्यों भाग रहे हो? मुझे तो विधाता ने आज स्वयं अपने हाथों से रचा है; क्योंकि जानवरों का कोई राजा नहीं था। इसलिए ब्रह्मा ने मेरी रचना करके कहा कि तुम्हारा नाम मैं ककुद्द्रुम रखता हूँ और तुम्हें सभी जानवरों का स्वामित्व देकर उनका राजा बनाता हूँ। तुम धरती पर जाकर वन्य जंतुओं का पालन करो। मैं ब्रह्मा के आदेश

से ही आया हूँ। अब तुम सभी जानवरों को मेरी छत्रछाया में रहना होगा।''

राजा ककुद्द्रुम उन सबका स्वामी है—यह बात सुनकर सिंह, बाघ आदि सभी जंतु उसके समीप आकर बैठ गए और उसे प्रसन्न करने के लिए उसकी चापलूसी करने लगे।

उस धूर्त सियार ने सिंह को अपना महामंत्री नियुक्त किया। इसी प्रकार बाघ को सेनानायक बनाया, चीते को पान लगाने का काम सौंपा तो भेड़िए को द्वारपाल नियुक्त कर दिया। उसने सभी जीव-जंतुओं को कोई-न-कोई जिम्मेदारी सौंपी, लेकिन अपनी जाति के सियारों से बात तक न की। उलटे उन्हें धक्के देकर बाहर निकलवा दिया।

सिंह आदि जंतु जंगल में शिकार कर-करके लाते और उसके सामने रख देते थे। सियार स्वामी की तरह मांस को सब जीवों को बाँट देता था।

इस प्रकार उसका राजकाज आराम से चलता रहा। लेकिन एक दिन वह अपनी राजसभा में बैठा था कि दूर से सियारों के चिल्लाने की आवाज सुनाई पड़ी। सियारों की 'हुआँ-हुआँ' सुनकर वह पुलकित हो उठा और सहसा आनंद-विभोर होकर वह भी सुर में सुर मिलाकर 'हुआँ-हुआँ' करने लगा।

उसके चिल्लाने से सिंह आदि को पता चल गया कि यह तो मामूली सियार है, जो मक्कारी के बल पर राजा बनकर उनपर शासन कर रहा है। फिर तो वे लज्जा और क्रोध से धधक उठे और उन्होंने एक ही झपाटे में चंडरव सियार को मार डाला।

□

कथा सुनाकर दमनक ने कहा, ''इसीलिए मैं कहता हूँ कि आत्मीय जनों को कभी नहीं छोड़ना चाहिए।''

पिंगलक तब भी नहीं डिगा। बोला, ''मुझे तो विश्वास नहीं आता कि संजीवक के मन में मेरे प्रति कोई दुर्भावना भी है।

दमनक ने कहा, ''लेकिन महाराज, आज ही उसने मेरे समक्ष आपको मारने की प्रतिज्ञा की है। वह सुबह जब आपके सामने आएगा तो आप स्वयं ही समझ लेंगे। उसका मुख और आँखें लाल-लाल होंगी। होंठ फड़क रहे होंगे और वह अनुचित स्थान पर बैठकर आपको क्रूर दृष्टि से घूरने लगेगा। मैंने तो अपना धर्म समझकर आपको सावधान कर दिया। आपको जो उचित लगे, करें।''

पिंगलक के मन में जहर बोकर मक्कार दमनक वहाँ से सीधे संजीवक के पास पहुँचा। संजीवक ने आदर-सत्कार करते हुए उसे बैठाकर उसका हालचाल पूछा। दमनक बोला, ''अरे, हमारा क्या हाल! सेवकों के जीवन में कुशलता कैसी!''

संजीवक बोला, ''ऐसा क्यों कहते हो, भाई?''

दमनक ने कहा, ''मंत्री होने के नाते अपने राजा से मंत्र-भेद करना उचित तो नहीं है, फिर भी आपके मोहपाश में बँधा होने के कारण मैं भेद खोल रहा हूँ। देखिए, आप मेरे ही कहने पर, मेरी बात पर विश्वास करके एक दिन राजकुल के विश्वासपात्र बने थे; परंतु अब राजा पिंगलक के मन में आपके प्रति दुर्भावना

आ गई है। उसका विचार है कि आपको मारकर वह अपने परिवार के लिए काफी दिनों के भोजन का इंतजाम कर ले। मैंने तो उसको मना किया, बहुत समझाया कि मित्रद्रोह ठीक नहीं। किंतु पिंगलक मुझपर ही नाराज हो गया। उसने मुझे दुष्ट कहा। बोला कि संजीवक शाकाहारी है और हम मांसाहारी हैं। हमारा-उसका वैर स्वाभाविक है! शत्रु की उपेक्षा नहीं करनी चाहिए, कल मैं इस शत्रु का अंत कर ही दूँगा। उसका यह निश्चय जानने के बाद ही मैं आपको बताने आया हूँ। अब आप विश्वासघात का दोष मुझपर न लगाइएगा। यह बात अत्यंत गुप्त थी; फिर भी मैं आपकी हत्या का कलंक अपने माथे नहीं लेना चाहता, इसलिए आपसे कह दी। अब आपको जैसा सूझे वैसा कीजिए।''

उसके त्रासदायी वचन सुनकर संजीवक अर्धचेतन-सा हो गया। फिर कुछ देर बाद सँभला तो पछतावा करने लगा। बोला, ''मैंने स्वयं उसके साथ दोस्ती करके गलती की। मित्रता या नाते-रिश्ते सदा बराबरी के कुल में समान धर्मवाले लोगों से ही होनी चाहिए।''

फिर कुछ देर सोचने के बाद कहने लगा, ''मुझे तो लगता है, मेरे प्रति स्वामी का गहरा स्नेह देखकर कुछ लोगों ने जलन के मारे उन्हें भड़का दिया है। तभी वह मुझ जैसे निर्दोष मित्र के बारे में भी ऐसा सोचने लगे हैं।''

दमनक ने चतुराई से पैंतरा बदलकर कहा, ''यदि ऐसा है तो डरने की जरूरत नहीं। अगर दुष्टों ने

उन्हें भड़काया और क्रोधित किया है, तो आपके उत्तम वचन सुनकर वह निश्चित ही प्रसन्न हो जाएँगे।''

संजीवक बोला, ''तुम्हारी यह बात ठीक नहीं है। नीच एवं दुर्जनों के बीच रहा ही नहीं जा सकता। वे लोग एक बार चूक जाने पर फिर कुटिलता के साथ कोई दूसरा उपाय करके अहित कर ही देते हैं। कुछ लोग पंडित होते हुए भी नीच होते हैं। वे उचित-अनुचित का विचार छोड़कर छल-कपट से ही अपनी जीविका कमाते हैं। जैसे बेचारे निष्कपट ऊँट के साथ कौए आदि कुटिल जीवों ने किया था।''

दमनक ने पूछा, ''यह कैसी बात है?''

संजीवक कहने लगा—

कपटी मित्र

किसी वन में मदोत्कट नाम का एक सिंह रहता था। चीता, कौआ और एक गीदड़ उसके प्रिय अनुचर थे। एक बार अपने दल से बिछड़कर इधर-उधर भटकता एक ऊँट दिखाई पड़ा। सिंह ने कहा, ''यह तो विचित्र प्राणी है। इसका पता लगाओ कि यह जंगली जंतु है या ग्रामवासी।''

यह सुनकर कौआ बोला, ''स्वामी, यह ग्रामवासी ऊँट है। यह यहाँ अच्छा आया। यह तो अपने आहार के लायक है।''

सिंह मदोत्कट ने उपेक्षा दिखाते हुए कहा, ''घर आए किसी प्राणी को मैं नहीं मारता। इसलिए तुम लोग उसे मेरी ओर से अभयदान देकर मेरे पास ले आओ।''

वे ऊँट को लेकर सिंह के पास आए।

ऊँट ने सिंह को प्रणाम किया और एक ओर बैठ गया। उस ऊँट का नाम कथनक था। पूछने पर उसने बताया कि वह किस प्रकार अपने दल से बिछुड़कर जंगल में फँस गया है। तब मदोत्कट ने कहा, ''भाई कथनक, तुम वापस जाकर भी तो गाँव में जिंदगी-भर बोझा ही ढोओगे। फिर इस झंझट में पड़ते ही क्यों हो? तुम हमारे साथ वन में ही रहकर हरी-हरी घास चरो और निडर होकर विचरण करो।''

ऊँट ने सिंह की बात मान ली और उसी वन में आनंदपूर्वक रहने लगा।

एक रोज मदोत्कट सिंह और एक वनैले हाथी में टक्कर हो गई। बलशाली हाथी ने सिंह को बुरी तरह घायल कर दिया। यहाँ तक कि सिंह चलने-फिरने लायक भी नहीं रहा। सिंह के साथ-साथ उसके अनुचर भी भूख से व्याकुल रहने लगे। तब एक दिन सिंह ने उनसे कहा, ''खोज करके कोई ऐसा जीव ले आओ, जिसे मारकर मैं अपने और तुम्हारे भोजन का प्रबंध करूँ।''

उसके अनुचर वन में चारों ओर विचरने लगे, लेकिन कोई ऐसा जानवर हाथ नहीं आया। तब सियार और कौए ने आपस में सलाह की। सियार ने कहा, ''इधर-उधर भटकने से क्या लाभ! आज कथनक ऊँट को ही भोजन क्यों न बनाया जाए?''

कौआ बोला, ''बात तो एकदम ठीक है। कथनक खूब मोटा-ताजा हो गया है। भरपेट आहार मिलता; परंतु हमारे स्वामी तो उसे अभयदान दे चुके हैं। इसलिए वह मारने के योग्य नहीं है।''

फिर भी सियार ने सिंह के पास जाकर प्रार्थना की, ''स्वामी! हमने सारे जंगल में घूमकर बहुत कोशिश की, लेकिन कोई खाने लायक जानवर मिला ही नहीं। हम सब भूख से तड़प रहे हैं। आपको भी भोजन चाहिए। यदि स्वामी का आदेश हो तो आज कथनक ऊँट के मांस का ही भोजन किया जाए।''

यह सुनकर सिंह को क्रोध आ गया। उसने कहा, ''तू पापी और नीच है! तुझे धिक्कार है। जिसे मैंने अभयदान दे दिया है, अब उसे ही मार डालूँ। यदि तूने फिर ऐसी बात की तो तत्काल तेरा वध कर दूँगा!''

सियार ने कहा, ''यह तो ठीक है, महाराज, कि आपने उसे अभयदान दिया है, इसलिए यदि आप उसे मारेंगे तो पाप लगेगा। किंतु यदि वह अपने आप ही मरने के लिए आपके सामने आत्मसमर्पण कर दे, तब तो पाप नहीं लगेगा। यदि ऐसा भी संभव न हो तो हम लोगों में से ही किसी एक को मार डालिए। अगर यह जीवन स्वामी के काम आ जाए तो हमारा सौभाग्य ही होगा।''

सियार की इस बात को सुनकर मदोत्कट चुप रहा।

सियार ने जाकर अपने सभी साथियों से कहा कि हमारे स्वामी की दशा तो अब बहुत शोचनीय हो गई है। यदि वह जीवित नहीं रहे तो हमारी रक्षा कौन करेगा? इसलिए हम लोग भूख से तड़पते अपने स्वामी

की प्राणरक्षा के लिए अपने-अपने शरीर को ही समर्पित कर दें।

सभी सहमत होकर फिर मदोत्कट सिंह के पास पहुँचे। सिंह ने देखते ही पूछा, ''क्या हुआ? कोई शिकार मिला?''

तब कौए ने कहा, ''स्वामी, हमने तो बहुत तलाश की, परंतु कुछ मिला ही नहीं। इसलिए अब मैं अपने आपको समर्पित करता हूँ। मुझे मारकर आप भोजन करें और अपने प्राणों की रक्षा कीजिए। मुझे तो स्वर्ग की प्राप्ति होगी ही।''

सियार ने उसे तुरंत परे धकेलकर कहा, ''अरे, तुम तो शरीर से बहुत ही छोटे हो। तुमको खाने पर भी स्वामी की भूख तो नहीं मिटेगी। कौए का मांस खाने से पाप भी लगेगा। तुमने अपना कर्तव्य पूरा किया। अब हट जाओ, मैं स्वामी की सेवा में अपने को अर्पित करता हूँ। मुझे खाकर स्वामी अपनी भूख मिटाएँ।''

फिर तो चीते ने भी आगे बढ़कर कहा, ''तुम्हारी बात तो ठीक है, लेकिन तुम भी तो बहुत छोटे से हो। तुम्हारे नाखून शस्त्र की तरह हैं, इसलिए तुम खाने योग्य भी नहीं हो। तुम भी हट जाओ। मैं अपने आपको समर्पित करता हूँ। स्वामी, आप मेरा भोजन कीजिए और मुझे पुण्य का भागी बनाइए।''

उन सबकी बातें सुनकर कथनक ऊँट सोचने लगा कि सभी ने विनम्रता के साथ अपना समर्पण किया, लेकिन स्वामी ने किसीको मारा नहीं। मुझे भी उनके प्रति अपनी भक्ति दिखाने के लिए निवेदन करना चाहिए। उसने चीते को हटने का संकेत किया और स्वयं सिंह के सामने खड़ा होकर बोला, ''ये सभी प्राणी आपके खाने लायक नहीं हैं, महाराज, इसलिए आप मेरा भोजन करके अपने प्राणों की रक्षा कीजिए। इससे मेरे दोनों लोक सुधर जाएँगे।''

उसके ऐसा कहते ही सियार और चीते ने कथनक को दबोचकर उसे मार डाला और सबने मिलकर अपनी भूख मिटाई।

□

यह कहानी सुनाकर संजीवक बोला, ''मैं अब अच्छी तरह समझ गया हूँ कि तुम्हारे राजा के परिवार में मूर्ख-ही-मूर्ख भरे पड़े हैं। ऐसे राजा के यहाँ सज्जनों को सेवा नहीं करनी चाहिए। निश्चय ही किसी दुर्जन ने उसे मेरे प्रति भड़काया है! लेकिन एक तुम्हीं मेरे हितैषी हो, सो अब तुम्हीं बताओ, मैं क्या करूँ?''

दमनक ने कहा, ''आप किसी दूसरे देश में चले जाएँ, क्योंकि ऐसे दुष्ट स्वामी की सेवा सचमुच नहीं करनी चाहिए।''

संजीवक बोला, ''स्वामी के रुष्ट होने पर

भी मैं और कहीं नहीं जा सकता और न दूसरी जगह जाने से मुझे शांति ही मिलेगी। इसलिए मेरे समक्ष तो अब युद्ध के अलावा और कोई विकल्प नहीं है।''

उसकी यह बात सुनकर दमनक ने सोचा कि इसने तो लड़ने की ही ठान ली है। इसने कहीं अपने पैने सींगों से स्वामी पर हमला करके उन्हें घायल कर दिया तो बड़ा अनिष्ट होगा। उचित तो यही है कि यह किसी प्रकार यह वन छोड़कर ही चला जाए। यह विचार करके दमनक फिर बोला, ''कहते तो तुम ठीक हो, पर स्वामी और सेवक का युद्ध भी तो उचित नहीं है। जो पुरुष अपने वैरी की शक्ति को पूरी तरह समझे बिना उससे लड़ता है, उसे पराजय का सामना करना पड़ता है। जैसे टिटिहरी से समुद्र को भी पराजय का सामना करना पड़ा था।''

संजीवक ने पूछा, ''यह कैसे हुआ?''

दमनक बताने लगा—

टिटिहरी तथा समुद्र का युद्ध

किसी समुद्र-तट के क्षेत्र में टिटिहरी का एक जोड़ा रहता था। जब टिटिहरी को बच्चा होने को हुआ तो उसने अपने पति से कहा, ''मेरे प्रसव का समय निकट है। हमें कोई ऐसी जगह खोजनी चाहिए, जहाँ किसीका कोई डर न हो और मैं निश्िंचत होकर अंडे दे सकूँ।''

टिटिहरे ने कहा, ''प्रिये, इस समुद्र के तट से सुंदर स्थान कौन-सा होगा! यहीं अंडे दो।''

टिटिहरी बोली, ''पूर्णमासी के दिन समुद्र में भीषण ज्वार उठता है। उस ज्वार में बड़े-बड़े हाथी भी नहीं सँभल पाते। इसलिए हमें कोई और जगह खोजनी चाहिए।''

यह बात सुनकर टिटिहरा बोला, ''तुम्हारी बात है तो ठीक, किंतु समुद्र की इतनी हिम्मत नहीं है कि मेरी संतान को बहाकर ले जाए या नष्ट कर दे। इसलिए तुम निर्भय होकर यहीं प्रसव करो।''

टिटिहरी दंपती की बातचीत सुनकर समुद्र ने सोचा—कीड़े जैसे क्षुद्र इस छोटे से पक्षी का अभिमान तो देखो। यह टिटिहरे का बच्चा आकाश के नीचे गिरने के भय से तो ऊपर को पैर करके सोता है; जैसे आकाश को अपने पैरों पर रोक लेगा। मैं भी देखता हूँ कि जब मैं इसके अंडे बहा ले जाऊँगा तो यह झूठा

अभिमानी जीव मेरा क्या कर लेता है!

समय आने पर टिटिहरी ने अंडे दिए। बस, समुद्र की लहरें झपटती हुई आईं और अंडों को बहा ले गईं। टिटिहरी विफल होकर रोते-रोते अपने पति से बोली, ''मैंने पहले ही तुम्हें कहा था कि कहीं और चलो; लेकिन घमंड में आकर तुमने मेरी बात नहीं मानी। इस जगत् में जो व्यक्ति अपने हितचिंतक की बात पर ध्यान नहीं देता, वह काठ से पतित कछुए की तरह ही मारा जाता है।''

टिटिहरे ने पूछा, ''यह कछुए की कहानी क्या है?''

टिटिहरी सुनाने लगी—

मूर्ख कछुआ और हंस

किसी सरोवर में कंबुग्रीव नाम का एक कछुआ रहता था। संकट और विकट नाम के दो हंस उसके मित्र थे। दोनों हंस कछुए को बहुत प्यार करते थे। वे प्रतिदिन सरोवर पर आकर कछुए के साथ गोष्ठी करते। उसे ऋषियों-महर्षियों की रोचक कथाएँ सुनाते और सायंकाल अपने घोसलों में वापस चले जाते।

कुछ समय बाद अकाल के कारण जलाशय धीरे-धीरे सूखने लगा। तब उन दोनों हंसों ने दुखी होकर कछुए से कहा, ''मित्र, इस जलाशय में तो अब कीचड़ भर रह गया है। इसमें अब तुम कैसे रहोगे? यह सोच-सोचकर हम व्याकुल हो रहे हैं।''

कंबुग्रीव बोला, ''पानी न होने के कारण अब तो यहाँ जीवित रहना ही कठिन है। कोई अन्य उपाय सोचना चाहिए। कहीं पानी से भरा हुआ कोई और सरोवर खोज निकालिए।''

विकट ने कहा, ''दूर एक जलाशय तो हम देख आए हैं। लेकिन चिंता की बात यह है कि तुम पानी से निकलकर धरती पर चलते हुए उतनी दूरी कैसे पार करोगे! तुम्हारी यात्रा तो कुशलता से पूरी नहीं होगी!''

कंबुग्रीव कछुए ने थोड़ी देर सोचकर कहा, ''एक उपाय है। तुम लोग लकड़ी की एक छड़ी खोज लाओ। जिसके एक-एक छोर आप दोनों अपनी-अपनी चोंच में दबाकर उड़ सकें और मैं बीच में उस लकड़ी को मुँह से पकड़कर लटक जाऊँगा। इस प्रकार आप दोनों मुझे उड़ाकर उस सरोवर तक ले चलिए!''

दोनों हंसों ने उसकी बात मान ली। लेकिन संकट ने उसे चेतावनी दी, ''देखो भाई कंबुग्रीव! उड़ते समय लकड़ी में लटके रहने पर आप बिलकुल मत बोलना, चाहे कुछ भी हो जाए; क्योंकि मुँह खोलते ही नीचे गिरकर मर जाओगे।''

दोनों हंस लकड़ी से कछुए को लटकाए हुए उड़ चले। नीचे खड़े लोगों ने जब इस प्रकार उन्हें आकाश में उड़ते देखा तो जोर-जोर से शोर मचाने लगे, ''अरे देखो, यह कैसा अद्‌भुत दृश्य है! ये हंस क्या चीज उड़ाए लिये जा रहे हैं!''

शोर सुनकर कछुए से रहा नहीं गया। उसने हंसों से पूछ ही लिया, ''यह शोर कैसा है?'' किंतु बात मुँह से निकली ही नहीं। मुँह खोलते ही कछुआ नीचे गिर पड़ा और मर गया।

□

''इसीलिए मैंने कहा कि हित चाहनेवाले मित्रों की बात माननी चाहिए। अनागतविधाता अर्थात् भविष्य की बात सोचकर काम करनेवाला व्यक्ति और प्रत्युत्पन्नमति अर्थात् समयानुकूल बात करनेवाले व्यक्ति सदा सुख पाते हैं। लेकिन जो व्यक्ति बस भाग्य के भरोसे रहता है, वह यद्‌भविष्य की तरह नष्ट हो जाता है!''

टिटिहरे ने पूछा, ''यह कैसी कथा है?''

टिटिहरी बताने लगी—

भाग्य की मार

किसी तालाब में तीन बड़े-बड़े मत्स्य रहते थे। उनका नाम था—अनागतविधाता, प्रत्युत्पन्नमति और यद्‌भविष्य। एक बार उस तालाब के पास कई मछुए आए। किनारे खड़े-खड़े वे सलाह करने लगे, ''इस तालाब में तो ढेरों मछलियाँ हैं। हमने इस ओर कभी ध्यान ही नहीं दिया। आज तो शाम हो गई है। कल सुबह यहीं जाल डालकर मछलियाँ पकड़ेंगे।''

मछुओं की बात सुनकर अनागतविधाता ने तत्काल जाकर दूसरी मछलियों से कहा, ''इन मछुओं से बचने के लिए हम लोगों को आज रात में ही उपाय करना होगा। मेरे विचार से तो नाले के बहाव के सहारे निकलकर हमें किसी और तालाब में चले जाना चाहिए। नहीं तो कल सवेरे ही मछुए आकर हम सबको पकड़ लेंगे। अब यहाँ रुकना ठीक नहीं।''

उसकी बात सुनकर प्रत्युत्पन्नमति ने भी वहाँ से निकलकर दूसरे तालाब में चले जाने की बात पर सहमति जताई।

लेकिन इन दोनों की बात सुनकर यद्‌भविष्य जोर से हँसने लगा। बोला, ''अरे, मछुओं की बात सुनकर भला अपने पुरखों का सरोवर त्याग देना चाहिए! अगर आयु ही पूरी हो गई है तो दूसरी जगह जाने पर भी मौत हो सकती है। मैं तो कहीं नहीं जाऊँगा। तुम लोगों के जो मन आए, करो।''

अनागतविधाता और प्रत्युत्पन्नमति तो अपने-अपने परिवार को लेकर उसी समय चले गए।

दूसरे दिन सवेरे-सवेरे आकर मछुओं ने उस सरोवर में जाल डाला और सारी मछलियाँ पकड़ लीं।

□

यह कहानी सुनकर टिटिहरे ने कहा, ''देवी, तो क्या मैं तुम्हारे विचार से यद्‌भविष्य मत्स्य जैसा आलसी हूँ? अब तुम मेरी बुद्धि का प्रभाव देखना। मैं अपनी चोंच से इस दुष्ट समुद्र को सुखा डालूँगा।''

टिटिहरी ने कहा, ''इस विशाल समुद्र के साथ तुम्हारा लड़ाई करना बेकार है; क्योंकि असमर्थ पुरुष का क्रोध उसका ही नाश करता है।''

टिटिहरा बोला, ''तुम तो निराशा-भरी बात कर रही हो। यदि शक्ति और उत्साह हो तो छोटे-से-छोटा व्यक्ति भी बड़े-से-बड़ा काम कर सकता है। तुम देख लेना, मैं इस समुद्र को अपनी चोंच से ही

पीकर अवश्य सुखा दूँगा।''

टिटिहरी बोली, ''जिस समुद्र में सैकड़ों नदी-नाले निरंतर गिरते हैं, उस समुद्र की बस एक बूँद को उठानेवाली इस छोटी-सी चोंच से भला तुम उसे कैसे सुखा सकोगे? ऐसी बातों से कोई लाभ नहीं।''

टिटिहरा बोला, ''मेरी चोंच लोहे के समान मजबूत है। दिन और रात बड़े लंबे होते हैं। क्या इतने वक्त में भी मैं समुद्र को नहीं सुखा पाऊँगा?''

टिटिहरी ने कहा, ''यदि तुम सचमुच समुद्र से लड़ना ही चाहते हो तो दूसरे पक्षियों और अपने मित्रों को बुलाकर पहले उनसे भी विचार-विमर्श कर लो। छोटे-छोटे तिनके भी एक साथ बट दिए जाएँ तो मजबूत रस्सी बन जाती है। एकता में शक्ति होती है। चटक, कठफोड़वा, मक्खी और मेढक आदि ने एक साथ मिलकर मुकाबला किया तो प्रबल हाथी का भी विनाश कर दिया।''

टिटिहरे ने पूछा, ''वह कथा भी सुना दो।''

टिटिहरी सुनाने लगी—

चटक पक्षी और दंभी हाथी

किसी वन में तमाल के एक वृक्ष पर चटक पक्षी का एक जोड़ा घोंसला बनाकर रहता था। समय बीतने पर मादा चटक ने अंडे दिए। एक दिन एक मदमस्त जंगली हाथी धूप से व्याकुल होकर तमाल वृक्ष की छाया में खड़ा हुआ। वह मतवाला तो था ही। एकाएक अपनी सूँड़ उठाकर उसने वृक्ष की उसी टहनी को झटके से तोड़ दिया, जिसपर चटक पक्षी का घोंसला बना था। टहनी गिरी तो चटक के सारे अंडे भी गिरकर टूट गए। किसी तरह चटक और चटकी की जान बच गई। चटकी अंडों के टूटने पर रोने लगी।

काष्ठकूट नामक कठफोड़वा पक्षी चटक परिवार का घनिष्ठ मित्र था। उसने चटक-चटकी को रोते देखा तो पास आ गया। दु:ख प्रकट करते हुए वह बोला, ''समझदार लोग नष्ट हुई वस्तु, मरे हुए प्राणी तथा बीती हुई बात का ज्यादा दु:ख नहीं मनाते। पंडितों और मूर्खों में यही तो अंतर होता है।''

चटकी ने कहा, ''यह बात तो ठीक है, किंतु इस दुष्ट हाथी ने पागल होकर मेरी संतान को नष्ट कर डाला है। अगर तुम मेरे सच्चे मित्र हो तो उस पापी हाथी के वध का उपाय बताओ, जिससे मेरे मन की पीड़ा कम हो।''

कठफोड़वा बोला, ''तुम अगर यही चाहती हो तो मैं प्रयास करके देखता हूँ। पहले मैं अपनी मित्र मक्खी वीणारवा को बुला लाऊँ।'' वह चटकी को साथ लेकर वीणारवा के पास गया और बोला, ''भद्रे! एक दुष्ट हाथी ने मद में पागल होकर मेरे मित्र चटक के अंडों को नष्ट कर दिया है। उसका वध करने में मैं तुम्हारी सहायता माँगने आया हूँ।''

मक्खी बोली, ''भला मैं इसमें क्या कर सकती हूँ? परंतु फिर भी तुम मेरे मित्र हो और यह तुम्हारी मित्र होने के नाते मेरी भी मित्र हुई, इसलिए इनका काम बनाने के लिए मुझसे जो भी हो सकेगा, सहायता

अवश्य करूँगी।'' फिर सोचकर बोली, ''मेरा एक मेढक मित्र है। उसका नाम मेघनाद है। ऐसा करें, उसे भी बुलाकर विचार करते हैं।''

वे तीनों मेघनाद के पास गए और उसे सारा हाल सुनाया। मेढक ने कहा, ''यदि हम सभी मिलकर उपाय करें तो बड़े-से-बड़े शत्रु को नष्ट कर सकते हैं। यह हाथी क्या चीज़ है! मैं आपको एक रास्ता बताता हूँ। मक्खी रानी, तुम दोपहर के समय जंगली हाथी के कान में वीणा की ध्वनि की तरह गुंजार करो। इसे सुनकर वह मस्ती में आकर आँखें बंद कर लेगा। उसी समय कठफोड़वा अपनी तीखी चोंच से उसकी आँखें फोड़ देगा। हाथी अंधा हो जाएगा। ऐसे में जब उसको प्यास लगेगी तो वह पानी की खोज में भटकेगा। उस समय मैं निकट ही किसी भयंकर खड्ड में छिपकर अपने परिवार के साथ टर्र-टर्र करने लगूँगा। अंधा हाथी हमारी आवाज सुनकर उसी ओर आएगा। सरोवर समझकर वह पानी में घुसने के लिए लपकेगा और उस खड्ड में गिरकर जान गँवा देगा।''

उन सबने उस युक्ति के अनुसार अपना-अपना कार्य किया और मदमस्त हाथी अंततः उस खड्ड में गिरकर मर गया।

□

टिटिहरी से यह कथा सुनकर टिटिहरे ने कहा, ''प्रिये, तुम ठीक कहती हो। ऐसा ही होगा। मैं अपने

मित्रों के सहयोग से ही इस दुष्ट समुद्र को सुखा दूँगा।''

यह निश्चय करके टिटिहरे ने आसपास के सभी बगुला, सारस, मोर आदि पक्षियों की पंचायत बुलाई। उसने सबके आने पर अपना दुखड़ा सुनाया, ''बंधुओ, इस दुष्ट समुद्र ने हमारे अंडों का अपहरण करके हमको घोर पीड़ा पहुँचाई है। इस अत्याचार का दंड देने के लिए इस दुष्ट समुद्र को सुखाने का कोई उपाय कीजिए!''

सब पक्षियों ने आपस में विचार-विमर्श करके कहा, ''हम लोग तो इस विशाल समुद्र का शोषण करने में असमर्थ हैं। व्यर्थ की चेष्टा करने से कुछ लाभ नहीं होगा। हम पक्षियों के स्वामी बलशाली गरुड़ हैं। हमें उनके पास ही चलकर अपनी जाति के इस अपमान का बदला लेने के लिए प्रार्थना करनी चाहिए।''

इस प्रकार सारा पक्षी समुदाय गरुड़ के पास पहुँचा और कातर स्वर में उससे अपनी रक्षा की प्रार्थना की। गरुड़ उनका हाल सुनकर पीड़ित हुआ। उसने सोचा, इन निर्दोष पक्षियों को जिस दुष्ट समुद्र ने सताया है, मैं आज ही जाकर उसे दंड दूँगा। उसको एकदम सुखा दूँगा।

इतने में भगवान् विष्णु के एक दूत ने आकर गरुड़ से कहा, ''पक्षिराज, भगवान् विष्णु देवताओं के किसी कार्य के लिए तुरंत अमरावती जाना चाहते हैं। उन्होंने तुमको शीघ्र बुलाया है।''

गरुड़ ने अभिमान दिखाते हुए उत्तर दिया, ''मुझ जैसे हीन सेवक का भगवान् क्या करेंगे! जाकर उनसे कह दो कि मेरे स्थान पर वह किसी और को वाहन नियुक्त कर लें। भगवान् से मेरा प्रणाम कहना और मेरी ओर से कह देना कि जिस स्वामी को अपने आदमी के गुणों का आदर करना नहीं आता, विद्वानों को ऐसे व्यक्ति की सेवा करनी ही नहीं चाहिए।''

दूत ने चकित होकर कहा, ''पक्षिराज, तुमने पहले तो कभी भगवान् के बारे में ऐसी बात नहीं कही।

आखिर पता तो चले कि भगवान् की ओर से तुम्हारा ऐसा क्या अनादर हो गया है?''

गरुड़ ने कहा, ''भगवान् जिस समुद्र में विश्राम करते हैं, उसीने घमंड में आकर आज एक निर्दोष टिटिहरी के अंडों का अपहरण कर लिया है। यदि समुद्र को इस अपराध का दंड नहीं दिया जाता तो मैं भगवान् की सेवा से दूर ही रहूँगा।''

दूत ने जाकर भगवान् विष्णु से सारी बात कह दी।

भगवान् विष्णु को लगा कि ऐसी स्थिति में गरुड़ का रुष्ट होना उचित ही है। मैं स्वयं चलकर उन्हें अपने साथ ले आऊँगा। और भगवान् विष्णु स्वयं गरुड़ के नगर रुक्मपुर में आ पहुँचे।

स्वयं भगवान को अपने घर आया देखकर गरुड़ बहुत लज्जित हुआ। उसने सिर झुकाकर उन्हें प्रणाम किया और कहा, ''भगवन्, आपके अधीन रहनेवाले समुद्र ने दंभ में आकर हमारे अनुचरों के अंडों का अपहरण किया है। इससे मेरा बड़ा अपमान हुआ है। आपके सम्मान की खातिर ही मैंने अपने को रोक रखा है, नहीं तो अब तक उस अभिमानी को सुखा चुका होता!''

भगवान् विष्णु ने कहा, ''भद्र गरुड़! तुम सत्य ही कहते हो। आओ, पहले हम समुद्र से अंडे लौटवाकर टिटिहरी दंपती का सत्कार करें, उसके पश्चात् ही अमरावती चलेंगे।'' यह कहकर भगवान् ने धनुष पर अग्निबाण चढ़ाया और समुद्र से बोले, ''अरे दुष्ट, टिटिहरी के अंडे तत्काल लौटा दे, नहीं तो मैं अभी तुझे सोखकर सूखी धरती बना दूँगा।''

समुद्र ने भयभीत होकर तुरंत टिटिहरी के अंडे वापस कर दिए।

□

यह कथा सुनाकर दमनक ने कहा, ''व्यक्ति को कभी निराश होकर प्रयास नहीं छोड़ना चाहिए।''

संजीवक बोला, ''लेकिन समझ में नहीं आता कि अचानक ही मेरे प्रति पिंगलक दुष्ट बुद्धि कैसे हो गया? अभी कल तक तो वह मुझसे बहुत प्रसन्न था और बड़े स्नेह से मिलता रहा है। मैंने तो उसमें कोई दोष नहीं देखा। तुम्हीं बताओ, मैं कैसे मान लूँ कि वह सचमुच विश्वासघात करना चाहता है?''

दमनक ने कहा, ''यह तो बड़ा ही आसान है। कल ध्यान से देखना, यदि तुम्हें देखते ही उसकी आँखें लाल हो जाएँ तो समझ लेना, वह सचमुच दुष्ट बुद्धि हो गया है। अगर ऐसा न हो तो तुम समझना कि वह तुमपर प्रसन्न है। मैं तो कहता हूँ कि अगर जा सको तो आज ही संध्या को यह देश छोड़कर चले जाओ।''

संजीवक से बात करके दमनक अपने भाई के पास पहुँचा।

करकट ने पूछा, ''कहो, क्या-क्या कर आए?''

''मैंने भेदभाव पैदा करनेवाले बीज तो बो दिए हैं। अब आगे होता क्या है, यह तो समय ही बताएगा।''

करकट खिन्न होकर बोला, ''यह अच्छा नहीं हुआ। स्नेह से भरे दो हृदयों में वैर का विषबीज बो दिया गया। किंतु कुटिल, स्वार्थी लोग औरों का अहित करने के सिवा और करते ही क्या हैं!''

दमनक ने कहा, ''तुम नीतिवान् नहीं हो, इसीलिए ऐसी बातें करते हो। इस संजीवक ने मेरा मंत्री पद तक छीन लिया था। वह मेरा शत्रु है, इसीलिए मैंने उसे मरवाने का षड्यंत्र किया है। वह मरने के बाद हमारा भोजन बनेगा। इस प्रकार हम अपना बदला भी ले लेंगे और हमारा मंत्री पद हमें फिर मिल जाएगा। इतना लाभ देखते हुए भी तुम मुझे दोष दे रहे हो। मूर्ख व्यक्ति तो अपना भोजन जुटाने में भी समर्थ नहीं होता। समझदार तो वही होता है जो औरों को पीड़ित करके भी अपना मतलब साध लेता है। हमें भी चतुरक नामक सियार की तरह युक्ति से अपना काम सिद्ध करना चाहिए।''

करटक ने पूछा, ''चतुरक सियार की क्या कहानी है?''

दमनक ने यह कथा सुनाई—

चतुरक सियार

एक वन-प्रदेश में वज्रदंष्ट्र नामक सिंह का राज्य था। उसके दो अनुचर थे—एक सियार और दूसरा भेड़िया। सियार का नाम चतुरक था और भेड़िया का क्रव्यमुख। वे दोनों सदा वज्रदंष्ट्र के साथ ही लगे रहते थे। एक दिन सिंह ने घने जंगल में एक ऊँटनी देखी। वह अपने झुंड से बिछुड़कर वन में ही रह गई थी और

प्रसव-वेदना से पीड़ित छटपटा रही थी। सिंह वज्रदंष्ट्र ने एक ही झपट्टे में उसको मार डाला। जब सिंह ने ऊँटनी का पेट चीरा तो उसका छोटा-सा बच्चा निकला। सिंह अपने परिवार सहित ऊँटनी के मांस से ही तृप्त हो चुका था, इसलिए स्नेहपूर्वक वह ऊँटनी के बच्चे को अपनी माँद पर ले आया और उससे बोला, ''अब तुम निर्भय होकर इस जंगल में ही रहो। तुम्हारे कान शंक्वाकार (नुकीले) हैं, अतः तुम्हारा नाम शंकुकर्ण होगा।''

एक दिन एक विशाल जंगली हाथी से सिंह वज्रदंष्ट्र की भिड़ंत हो गई। उस लड़ाई में हाथी के तीक्ष्ण दाँतों से सिंह बुरी तरह घायल हो गया।

दो-तीन दिन बाद भूख से व्याकुल शेर ने अपने अनुचरों से कहा, ''किसी जीव-जंतु को मेरे पास लाओ, जिसे मारकर मैं तुम लोगों की और अपनी भूख मिटाने का उपाय करूँ।''

चतुरक, क्रव्यमुख और शंकुकर्ण तीनों ही जंगल में किसी जानवर की तलाश में घूमने लगे। शाम हो गई, पर कोई शिकार नहीं फँसा। तब चतुरक सियार ने सोचा, इस शंकुकर्ण ऊँट को ही मारकर आहार क्यों न बनाया जाए। किंतु हमारे स्वामी को तो उससे बड़ा स्नेह है। वह ऐसे तो शंकुकर्ण को मारने को तैयार नहीं होंगे।

कुछ सोचकर चतुरक ने शंकुकर्ण से ही कहा, ''स्वामी भूख से व्याकुल हैं। अगर वे जीवित न रहे

तो हम सबका जीवन ही व्यर्थ है।''

शंकुकर्ण ने कहा, ''तुम कोई युक्ति बताओ। स्वामी के काम आने पर मुझे पुण्य मिलेगा।''

चतुरक ने कहा, ''तुम अपना यह शरीर स्वामी को समर्पित कर दो। इससे तुम्हारा शरीर दोगुना हो जाएगा और स्वामी के प्राण भी बच जाएँगे। इसका साक्षी धर्म है।''

शंकुकर्ण ने उसकी बात प्रसन्नता से मान ली।

वे सब सिंह के पास पहुँचे।

चतुरक ने कहा, ''स्वामी, भटकते-भटकते साँझ हो गई, लेकिन आहार के लिए कोई जानवर नहीं मिला। इसलिए यदि आप शंकुकर्ण को दोगुना शरीर दे सकें तो धर्म को साक्षी मानकर यह अपना शरीर आपको समर्पित कर देगा।''

सिंह ने कहा, ''यह तो बहुत अच्छी बात है। धर्म इसका साक्षी है। ऐसा ही होगा।'' वज्रदंष्ट्र की बात सुनते ही भेड़िया और सियार ऊँट पर टूट पड़े और उसकी हत्या कर दी। तब वज्रदंष्ट्र ने चतुरक से कहा, ''मैं नदी में स्नान और देवता की पूजा करके आता हूँ। जब तक मैं न आऊँ, तब तक तुम सावधान होकर यहीं रहना।''

स्वामी के जाने के बाद धूर्त चतुरक सोचने लगा कि कुछ ऐसा उपाय करना चाहिए कि यह पूरा ऊँट

मैं अकेले ही खा सकूँ! मन-ही-मन कुछ ठानकर उसने क्रव्यमुख से कहा, ''तुम्हें भूख लगी होगी। तो फिर जब तक स्वामी नहीं लौटते, तब तक तुम ऊँट का मांस खाकर अपनी भूख मिटा लो। स्वामी के सामने मैं तुम्हें निर्दोष ही सिद्ध करूँगा।''

भूखे क्रव्यमुख ने ऊँट का मांस खाना शुरू किया ही था कि चतुरक ने कहा, ''पीछे हट जा! स्वामी आ रहे हैं।''

सिंह ने आने पर देखा कि ऊँट का कलेजा गायब था। वह क्रोध में गरजा, ''अरे, ऊँट को जूठा किसने किया है? मुझे उसका नाम बताओ, मैं उसे भी मार डालूँगा!''

क्रव्यमुख चतुरक की ओर ताकने लगा। चतुरक ने कुटिल हँसी हँसकर कहा, ''अरे क्रव्यमुख, तब तो मेरे मना करने पर भी मेरी उपेक्षा करके अकेले ही मांस खाने लगा। मेरी तरफ क्या ताक रहा है? जैसा किया है, अब उसका फल भोग।''

सुनते ही क्रव्यमुख अपनी जान बचाकर उस जंगल से ही भाग गया। तभी उसी ओर से ऊँटों का एक और झुंड आ निकला। उसमें जो ऊँट सबसे आगे था, उसके गले में एक घंटा लटका था, जिसकी तेज आवाज दूर से ही सुनाई दे रही थी। सिंह ने उस आवाज को सुनकर चतुरक से कहा, ''अरे तू जाकर जल्दी से पता तो कर कि यह भयंकर आवाज कैसी है!'' चतुरक जंगल में घुसा और इधर-उधर घूमकर तेजी से लौट आया। आते ही वह शेर से बोला, ''महाराज, जिस ऊँट को आपने मार डाला था, उसीका बदला लेने के लिए ऊँटों का एक बड़ा झुंड आपको खोजता हुआ आ रहा है।'' सिंह भय से व्याकुल हो गया और मरे हुए ऊँट को छोड़कर तेज़ी से भाग खड़ा हुआ। इस प्रकार चतुरक को अकेले ही पूरे ऊँट का मांस खाने को मिल गया।

□

कथा सुनाकर कुटिल दमनक बोला, ''इसीलिए कहता हूँ कि अपना मतलब साधने में ही समझदारी है।''

करटक खिन्न मन से चुप बैठा रहा।

उधर दमनक के जाने के बाद संजीवक व्याकुल होकर सोचने लगा, मैंने यह क्या कर डाला! मैं तो घास-पात खानेवाला प्राणी इस मांसभक्षी प्राणी का अनुचर बन गया। अब मैं क्या करूँ? कहाँ जाऊँ? पिंगलक के पास ही क्यों न चलूँ! शायद वह शरणागत मानकर मुझे न मारे।

यही निश्चय करके वह धीरे-धीरे सिंह की गुफा की ओर चल पड़ा।

पास पहुँचने पर उसने पिंगलक को ठीक उसी क्रोधित मुद्रा में बैठे देखा, जिसका वर्णन दमनक ने किया था। इससे संजीवक को बड़ी हैरानी हुई। फिर भी अपने को सँभालकर संजीवक ने पिंगलक को प्रणाम किया और उससे दूर ही बैठ गया।

पिंगलक ने उसे दूर बैठे देखा तो उसने भी दमनक की उसी बात को मान लिया कि संजीवक मित्रघात करने पर तुला है। क्रोध में आकर पिंगलक संजीवक पर टूट पड़ा और अपने पैने पंजों से उसने

संजीवक की पीठ उधेड़ डाली।

फिर तो संजीवक भी मरने-मारने पर तुल गया। उसने अपने तीखे सींगों से पिंगलक के पेट पर वार कर दिया। दोनों ही एक-दूसरे को मार डालने की मुद्रा में डटकर खड़े हो गए।

उन दोनों को भयंकर युद्ध करते देखकर करटक ने दमनक से कहा, ''मूर्ख, तूने इन दोनों में दुश्मनी पैदा करके घोर अनिष्ट किया। ऐसे नीतिशास्त्र का ज्ञान किस काम का? यदि हमारे स्वामी का ही नाश हो गया तो तेरी चतुराई क्या करेगी? यदि संजीवक का वध न हो सका तो भी ठीक नहीं होगा, क्योंकि उस स्थिति में स्वामी के प्राण सदा संकट में पड़े रहेंगे। तूने यह क्या मूर्खता कर डाली! यदि तू मेल-मिलाप से काम नहीं करना जानता तो मंत्री बनने की कामना ही छोड़ दे। अब स्वामी और संजीवक दोनों का अंत निकट ही जानो। यदि तेरे भीतर सचमुच शक्ति और समझ है तो इस संकट को टालने का कोई उपाय कर। ऐसे संकट के समय ही तो मंत्री की बुद्धि की परीक्षा होती है। लेकिन यह तेरे वश में कहाँ! तू ठहरा विपरीत बुद्धिवाला, इसमें तेरा क्या दोष! दोष तो हमारे स्वामी का है, जो तेरी बातों पर अब तक विश्वास करते रहे। जिस राजा का तेरे जैसा कुटिल मंत्री हो, उसके पास कोई समझदार व्यक्ति कभी आएगा भी नहीं और जिस राजा के पास जब सज्जनों के स्थान पर तेरे जैसे दुष्ट मंत्री हों, उसका नाश हो जाता है। लेकिन मूर्ख व्यक्ति को उपदेश देने का तो कोई लाभ नहीं, क्योंकि जो लकड़ी झुक नहीं सकती उसको टेढ़ा भी नहीं किया जा

सकता। पत्थर पर उस्तरे की धार का कोई प्रभाव नहीं पड़ता। कुपात्र को उपदेश देने से लाभ नहीं होता, उलटे अपना ही विनाश हो जाता है। यह बात सूचीमुख के उदाहरण से जानी जा सकती है।''

दमनक ने पूछा, ''यह सूचीमुख कौन था?''

करटक बताने लगा—

सूचीमुख पक्षी और मूर्ख बंदर

किसी पर्वतीय प्रदेश में बंदरों का एक झुंड रहता था। शरद् ऋतु थी। ठंडी-ठंडी हवा चल रही थी। बड़े जोरों का हिमपात हो रहा था। बंदर ठंड के मारे काँप रहे थे। कुछ बंदरों ने चिनगारी के समान चमकती लाल-लाल घुँघचियों को इकट्ठा कर लिया और उन्हींसे आग जलाकर तापने की चेष्टा करने लगे। वे घुँघचियों को चिनगारी समझ रहे थे, जो फूँक मारने से आग की तरह धधककर ताप देने लगेंगी।

सूचीमुख नामक एक पक्षी ने बंदरों की यह चेष्टा देखी तो कहा, ''अरे मूर्खो! ये चिनगारियाँ नहीं, घुँघचियाँ हैं। बेकार क्यों परिश्रम कर रहे हो! उससे कोई लाभ नहीं होगा। अगर जाड़े और बरसात से बचना है तो कोई पहाड़ी गुफा खोजकर उसमें छिप जाओ।''

एक बूढ़े बंदर ने जवाब दिया, ''मूर्ख पक्षी, तुझे हमारे काम में टाँग अड़ाने की क्या जरूरत? चल यहाँ से भाग जा!''

सूचीमुख पक्षी फिर भी बंदरों को समझाता रहा। तब एक गुस्सैल बंदर ने झपटकर उसे दबोच लिया और उसके पंख नोच-नोचकर उसे जान से मार डाला।

□

''इसीलिए मैं कहता हूँ कि मूर्खों को उपदेश देना अनर्थ को बुलाना है। जैसे साँपों को दूध पिलाने से उनका जहर कम तो नहीं होता, इसी प्रकार एक मूर्ख बंदर ने एक गृहस्थ को भी बेघर कर दिया था।''

दमनक ने पूछा, ''वह कैसे?''

करटक बताने लगा—

चटक पक्षी और बंदर

किसी वन में एक वटवृक्ष था। उसकी घनी शाखाओं में चटक पक्षियों के एक जोड़े ने अपना घोंसला बना रखा था। हेमंत ऋतु में सहसा वहाँ वर्षा शुरू हो गई। ठंडी हवा के झोंकों से कड़ाके की ठंड पड़ने लगी। सर्दी से काँपता हुआ एक बंदर भागता हुआ आया और वटवृक्ष की छाया में सिकुड़कर बैठ गया। लेकिन न तो वह पानी से बच पाया, न ठंड से ही।

चिड़िया ने उसे ठिठुरते देखकर कहा, ''तुम्हारे तो मनुष्यों की तरह हाथ-पैर दोनों हैं। तुम्हारी आकृति भी मनुष्यों की-सी है। फिर इस तरह क्यों जाड़े में ठिठुर रहे हो? अरे मूर्ख, अपने रहने के लिए तू घर क्यों नहीं बना लेता?''

सुनकर बंदर को गुस्सा आ गया। वह जोर से खौंखियाकर बोला, ''अरी ओ, चूँ-चूँ की बच्ची! तू चुप क्यों नहीं रहती? मेरी खिल्ली उड़ाती है। तू मेरी चिंता क्यों करती है? अपना काम देख।''

लेकिन चटक चिड़िया फिर भी चुप नहीं हुई और अपने घोंसले में बैठी-बैठी उसे समझाने लगी। तब बंदर ने खीजकर छलाँग लगाई और उसके घोंसले को तोड़कर फेंक दिया।

कहानी सुनाकर करटक ने कहा, ''तू भी ऐसा ही मूर्ख है। उपदेश से सज्जनों में ही गुण पैदा होता है, मूर्खों को कोई फायदा नहीं होता। तूने मेरी बात नहीं मानी और तुझ जैसे खल तो दूसरों के दुःख से ऐसे प्रसन्न होते हैं कि अपने विनाश की भी चिंता नहीं करते। किसीने सच ही कहा है—धर्मबुद्धि और कुबुद्धि दोनों को ही मैंने ठीक-ठीक समझ लिया है। स्वार्थी पुत्र ने अपने पांडित्य के चक्कर में बाप की ही जान ले ली थी।''

दमनक ने पूछा, ''यह कांड कैसे हुआ?''

करटक कहानी सुनाने लगा—

वनदेवता की गवाही

किसी नगर में धर्मबुद्धि और पापबुद्धि नामक दो युवक रहते थे। दोनों में घनिष्ठ मित्रता थी। एक दिन पापबुद्धि ने सोचा, मैं अपनी मूर्खता के कारण ही गरीब हूँ, इसलिए धर्मबुद्धि के साथ दूसरे देश में जाकर धन कमाने के बाद उसे ठग कर सहज ही धनी क्यों न बन जाऊँ।

यह सोचकर अगले दिन पापबुद्धि ने धर्मबुद्धि से कहा, ''अरे भाई, बूढ़े होने पर ऐसी कौन-सी घटना होगी, जिसे तुम याद किया करोगे? अगर दूसरे देश की यात्रा पर नहीं जाते, वहाँ नए-नए अनुभव नहीं प्राप्त करते तो अपने बाल-बच्चों को कौन से किस्से-कहानियाँ सुनाया करोगे? पूर्वजों ने कहा है कि जो व्यक्ति विदेशों में भ्रमण करके अनेक भाषाओं, पहनावों और देश-देश के रीति-रिवाजों की जानकारी प्राप्त नहीं करता, उसका पृथ्वी पर आना ही व्यर्थ है।''

उसकी बात को सुनकर धर्मबुद्धि बड़ा उत्साहित हुआ। बड़ों से अनुमति लेकर वह मित्र के संग कमाने विदेश निकल पड़ा। पापबुद्धि ने भी धर्मबुद्धि के प्रभाव से बहुत धन अर्जित कर लिया। कुछ ही महीनों में उन दोनों ने पर्याप्त धन जुटा लिया। फिर घर की ओर लौटे।

घर के पास पहुँचकर पापबुद्धि ने कुटिलता से काम लिया। वह धर्मबुद्धि से बोला, ''मित्र, इस प्रकार अपना सारा धन लेकर घर जाना ठीक नहीं है, क्योंकि परिवार के लोग भी धन माँगने लगेंगे। बंधु-बांधवों को भी बाँटना पड़ेगा। इसलिए हम जंगल में ही कहीं अपना धन गाड़ देते हैं। बस, थोड़ा-थोड़ा धन लेकर घर चलेंगे। जब आवश्यकता होगी, तब यहाँ से निकालकर ले जाएँगे।''

धर्मबुद्धि ने उसकी बात मान ली। अपना अधिकांश धन उन्होंने जंगल में एक पेड़ के नीचे गाड़ दिया और थोड़ा-थोड़ा धन साथ लेकर दोनों अपने-अपने घर चले गए।

दूसरे ही दिन पापबुद्धि आधी रात को चुपचाप जंगल में पहुँचा और वहाँ

गाड़कर रखा सारा धन खोदकर निकाल लाया।

फिर पूरा एक सप्ताह बीत जाने पर उसने धर्मबुद्धि से कहा, ''भाई, हम दोनों के ही परिवार बड़े हैं। अब हमें धन की जरूरत आ पड़ी है। चलो, वन से थोड़ा-सा धन और ले आएँ।''

धर्मबुद्धि ने उसकी बात मान ली। वे दोनों वन में पहुँचे। जहाँ धन गाड़कर रखा था, वहाँ खोदने पर उन्हें कुछ भी नहीं मिला।

फिर तो धूर्त पापबुद्धि एकाएक अपना सिर पीटते हुए कहने लगा, ''अरे कपटी धर्मबुद्धि, तूने मेरे साथ धोखा किया! चुपचाप यहाँ से सारा धन खोदकर निकाल ले गया और गड्ढे को मिट्टी से भर दिया। मित्र होकर भी तूने मुझे धोखा दिया है। उसमें से मेरा आधा भाग मुझे दे दे, नहीं तो मैं राजसभा में जाकर न्याय की गुहार करूँगा।''

धर्मबुद्धि ने कहा, ''तुम दुष्ट हो! मैं ऐसा काम कभी नहीं करता। मेरा नाम धर्मबुद्धि है। मैं चोरी नहीं करता।''

दोनों आपस में लड़ते-झगड़ते धर्माधिकारी के पास पहुँचे और एक-दूसरे पर कपट और चोरी का दोषारोपण करते हुए न्याय की दुहाई देने लगे।

धर्माधिकारी ने उन्हें शपथ लेने को कहा तो पापबुद्धि बोला, ''इस मामले में वृक्ष देवता हमारे साक्षी हैं। जिसको वह चोर बताएँ, वही चोर होगा।''

न्यायाधिकारी ने पापबुद्धि की बात स्वीकार कर ली। अगली सुबह वन में जाकर वृक्ष देवता की गवाही लेने का निश्चय किया गया।

रात्रि में पापबुद्धि ने अपने पिता से कहा, ''मैंने ही धर्मबुद्धि का सारा धन ले लिया है। यदि आप मेरी ओर से गवाही दें तो सारा धन हमारे पास ही रह जाएगा। नहीं तो धन के साथ ही मेरे प्राण भी जा सकते हैं।''

उसके पिता बेटे के लिए सबकुछ करने को तैयार हो गए।

पापबुद्धि ने पिता से कहा, ''जंगल में जिस स्थान पर हमने धन गाड़ा था, वहाँ एक विशाल वटवृक्ष है। वृक्ष में एक बड़ा-सा कोटर है। उसी खोखली जगह जाकर आप छिप जाइए। सुबह हम लोग राजा के सैनिकों के साथ वृक्ष देवता की गवाही लेने आएँ तो आप छिपे रहकर कह देना कि धर्मबुद्धि ही चोर है।''

पापबुद्धि का पिता इस योजना के अनुरूप रात को ही जाकर वृक्ष के कोटर में छिप गया।

दूसरे दिन प्रातःकाल सैनिकों तथा इस विचित्र गवाही को देखने के लिए कौतूहल से उमड़ते नागरिकों के पहुँच जाने पर पापबुद्धि ने आवाज लगाई—''हे वन देवता! आप तो सर्वज्ञ हैं। अब आप ही बताएँ कि किसने यहाँ का गड़ा धन चुराया है?''

वटवृक्ष में छिपे पापबुद्धि के पिता ने कह दिया, ''धर्मबुद्धि ही यहाँ से सारा धन चुरा ले गया है।''

अब तो धर्मबुद्धि को दंड देने की तैयारी होने लगी। न्यायाधिकारी आपस में विचार-विमर्श करने लगे।

इसी बीच धर्मबुद्धि ने वटवृक्ष के कोटर में घास-फूस भर दिया और आग लगा दी। पेड़ जलने लगा तो पापबुद्धि के पिता की आँखें फूट गईं। वह रोता-चिल्लाता और तड़पता हुआ कोटर के बाहर कूद पड़ा। यह कांड देखकर चकित राजपुरुषों ने पूछा, "यह सब क्या है?"

पापबुद्धि के पिता ने सारी बात कह सुनाई और तड़प-तड़पकर मर गया। फिर क्या था, पापबुद्धि को उसी वृक्ष से बाँधकर सजा दी गई और धर्मबुद्धि की प्रशंसा होने लगी।

न्यायकर्ता बोला, "समझदार वही है जो कोई उपाय करते समय उसके सभी अंगों तथा परिणाम के बारे में भी सोच ले, नहीं तो ठीक वैसा ही होता है जो मूर्ख बगुले के साथ हुआ था। उसकी आँखों के सामने ही नेवला उसके बच्चों को खा गया।"

धर्मबुद्धि ने पूछा, "यह कैसे हुआ था?"

न्यायकर्ता कहने लगा—

उपाय, जो शाप बन गया

किसी वन-प्रदेश में बरगद का एक विशाल पेड़ था। उसपर अनेक बगुले रहते थे। पेड़ के कोटर में एक काला साँप भी रहता था। वह चुपचाप बगुलों के बच्चों को खाकर ही अपना पेट भरता था। किसी बगुले ने एक दिन उसे अपने बच्चों को खाते देख लिया। उसे गहरा आघात लगा। वह दुखी होकर सिर झुकाए सरोवर के किनारे बैठा आँसू बहाने लगा।

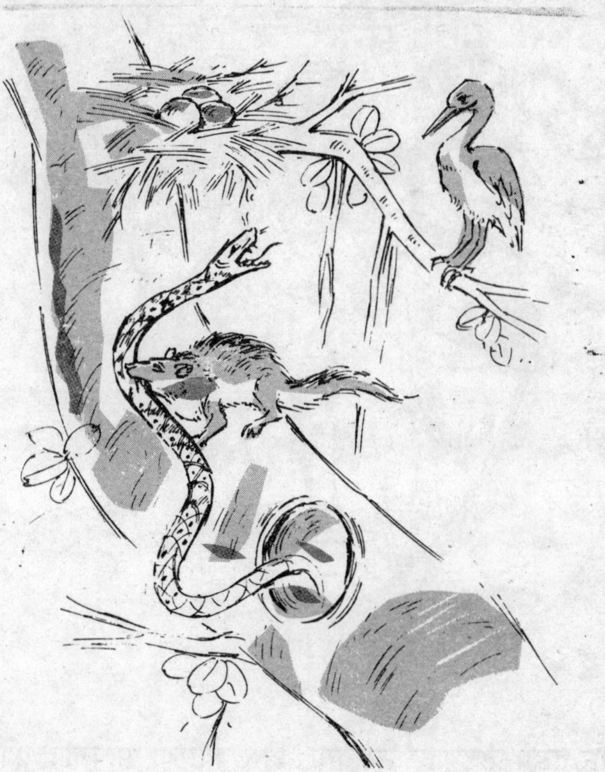

उसे व्याकुल देखकर एक केकड़े ने पूछा, "मामा, आप रो क्यों रहे हैं?"

बगुले ने कहा, "इस पेड़ के कोटर में रहनेवाला एक काला सर्प हमारे बच्चे खा जाता है। इसीसे मैं दुखी हूँ। उस दुष्ट साँप को मारने का कोई उपाय बताओ।"

कुलीरक केकड़े ने सोचा कि ये बगुले तो हमारे घोर शत्रु हैं। इसलिए उसे झूठी-सच्ची बात समझाकर एक उपाय बताना चाहिए कि इन बगुलों के वंश का भी अंत हो जाए। देर तक सोचकर वह बोला, "मामा, बड़ा सरल उपाय है। यदि तुम साँप के कोटर से लेकर नेवले के बिल तक मछलियों का मांस बिखेर दो तो नेवला उन टुकड़ों को खाता हुआ कोटर तक पहुँचेगा तो अपने जानी दुश्मन उस साँप को भी अवश्य मार डालेगा।"

बगुले ने वैसा ही किया। नेवला मछलियों के टुकड़ों के सहारे साँप के कोटर तक पहुँचा और साँप को देखते ही उसे मार डाला। उसके बाद नेवले ने बगुलों के बच्चों को भी देखा। फिर तो उसने उन्हें भी खाकर खत्म कर दिया।

□

"इसीलिए कहते हैं कि उपाय पर विचार करते समय उसके परिणाम की भी सोच लेनी चाहिए। पापबुद्धि ने उपाय तो किया; पर उसका फल कुछ और भी हो सकता है, इस बारे में कुछ नहीं सोचा, इसीलिए उसे यह सब भोगना पड़ा।"

करटक ने फिर दमनक को फटकारते हुए कहा, "मूर्ख! तूने भी यह कार्य पापबुद्धि की तरह ही किया है। तूने स्वार्थ से अंधा होकर अपने स्वामी पिंगलक के प्राण संकट में डाल दिए। तू वास्तव में दुष्ट

और कुटिल है! जब तू अपने स्वामी को ही मरवा सकता है तो फिर मेरे जैसे व्यक्ति की क्या भलाई करेगा! अब तेरे निकट रहना ठीक नहीं है। यदि चूहे लोहे की तराजू खाने लगें तो बाज बालक को भी उठाकर ले जा सकता है।''

दमनक ने पूछा, ''यह कैसी कथा है?''

करटक बताने लगा—

जैसे को तैसा

किसी नगर में एक वणिकपुत्र रहता था। उसका नाम था जीर्णधन। दुर्दिन पड़ने पर उसकी सारी संपत्ति नष्ट हो चुकी थी, अत: उसने सोचा किसी अन्य देश में जाकर व्यापार किया जाए। उसके पास

पूर्वजों का एक भारी मूल्यवान् तराजू था। एक हजार लौह भार का। उसने अपना वही तराजू एक सेठ के पास धरोहर रख दिया और विदेश चला गया।

देश-देशांतर का भ्रमण करके व्यापार से धन कमाने के बाद वह घर वापस लौटा तो उस सेठ से अपना तराजू माँगा। सेठ बेईमानी पर उतर आया था। बोला, ''भाई, तुम्हारे तराजू को तो चूहे खा गए।''

जीर्णधन उसके मन की बात समझ तो गया, पर ऊपर से बोला, ''सेठजी, जब चूहे तराजू खा गए तो आप कर भी क्या सकते हैं! यह संसार ही नश्वर है। मैं जरा नदी में स्नान करने जा रहा हूँ। आप अपने पुत्र धनदेव को मेरे साथ नदी तक भेज दें तो बड़ी कृपा होगी।''

सेठ मन-ही-मन डर रहा था कि तराजूवाली बात पर कहीं जीर्णधन उसके ऊपर तराजू की चोरी का आरोप न लगा दे। उसे इतनी आसानी से टलते देखा तो सेठ ने अपने पुत्र को उसके साथ नदी तक ले जाकर स्नान करवा लाने के लिए भेज दिया।

स्नान के बाद जीर्णधन ने सेठ के लड़के को नदी किनारे एक गुफा में छिपाकर गुफा का मुँह चट्टान से बंद कर दिया और अकेला ही घर लौट आया।

सेठ ने पूछा, ''मेरा बेटा धनदेव कहाँ रह गया?''

जीर्णधन ने उत्तर दिया, ''जब हम नदी के किनारे बैठे थे, तब एक बड़ा-सा बाज झपट्टा मारकर उसे उठा ले गया।''

सेठ ने क्रोध से धधककर कहा, ''झूठा, मक्कार! भला बाज इतने बड़े लड़के को उठाकर कैसे ले जा सकता है! मेरे पुत्र को वापस ले आ, नहीं तो मैं जाकर राजा से तेरी शिकायत करूँगा।''

इसपर जीर्णधन बोला, ''अरे सत्यवादी सेठ! यदि बाज तेरे लड़के को उठाकर नहीं ले जा सकता तो मेरी हजार भार की लोहे की तुला को चूहे कैसे खा सकते हैं? अगर तू अपने बेटे को चाहता है तो पहले मुझे मेरा तराजू वापस कर दे।''

दोनों में झगड़ा होने लगा। लड़ते-झगड़ते दोनों राजदरबार में न्याय पाने के लिए पहुँचे। सेठ ने जीर्णधन पर अपने पुत्र के अपहरण का आरोप लगाया। धर्माधिकारियों ने जीर्णधन से कहा, ''तुम सेठ के बेटे को वापस करो।''

जीर्णधन बोला, ''मैं उसे कहाँ से वापस कर दूँ! मैं नदी के तट पर खड़ा देखता ही रह गया—एक बड़ा-सा बाज झपटा और इसके लड़के को पंजों में दबाकर उड़ गया।''

धर्माधिकारियों ने कहा, ''तुम झूठ बोल रहे हो। बाज भला इतने बड़े लड़के को कैसे उठाकर ले जा सकता है?''

तब जीर्णधन ने कहा, ''यदि सहस्रभार की मेरी लोहे की तुला को साधारण चूहे खाकर पचा सकते हैं तो बाज भी सेठ के लड़के को उठाकर ले जा सकता है।''

चकित धर्माधिकारियों ने पूछा, ''यह सब क्या मामला है?''

हारकर सेठ ने स्वयं ही सारी बात उनके सामने उगल दी।

सारा वृत्तांत सुनकर लोग हँसने लगे। धर्माधिकारियों ने जीर्णधन का तराजू और सेठ का बालक उन्हें वापस दिलवा दिया।

□

यह कहानी सुनकर करटक बोला, ''तू संजीवक पर राजा की कृपा देखकर जलता था, इसीलिए तूने ऐसा निकृष्ट कार्य किया। मूर्ख! तूने हित को अहित में बदल दिया। इसीलिए किसीने कहा है कि मूर्ख की मित्रता से तो विद्वान् व्यक्ति की शत्रुता भी भली होती है। जैसे मूर्ख बंदर ने तो हितैषी बनकर राजा की जान ही ले ली, लेकिन चोर ने मित्र बनकर ब्राह्मण के प्राण बचा दिए।''

दमनक ने पूछा, ''वह कैसे?''

करटक बताने लगा—

मूर्ख की मित्रता

किसी राजा के साथ एक बंदर रहता था। वह राजा का परम भक्त था। वह राजभवन में कभी लोगों का प्रिय और विश्वासपात्र था। राजा के अंत:पुर में भी उसकी बेरोक-टोक पैठ थी।

एक दिन राजा सोया हुआ था। बंदर पास ही बैठा पंखा झल रहा था। तभी एक मक्खी आकर राजा की नाक पर बैठ गई। बंदर ने मक्खी को पंखे से उड़ा दिया। लेकिन मक्खी फिर राजा की नाक पर आ बैठी। बंदर मक्खी को बार-बार उड़ाता रहा और मक्खी फिर आकर राजा के शरीर पर बैठ जाती। बंदर को

बड़ा गुस्सा आया। और उस मूर्ख, चंचल बंदर ने पास ही पड़ी राजा की तेज तलवार उठा ली। मक्खी सहसा आकर राजा के वक्ष पर बैठ गई। बंदर ने आव देखा न ताव, तलवार चला दी। मक्खी तो उड़ गई, लेकिन तलवार की धार से राजा के दो टुकड़े हो गए।

इसीलिए कहा गया है कि ज्यादा दिन जीने की इच्छा रखनेवाले को बंदर जैसा चंचल वृत्तिवाला मूर्ख अनुचर नहीं रखना चाहिए।

□

करटक बोला—"दूसरी कथा इस प्रकार है।" और यह कहकर वह दूसरी कथा सुनाने लगा—

सुजान की शत्रुता

एक नगर में एक ब्राह्मण रहता था। वह प्रकांड विद्वान् था। लेकिन संभवत: पिछले जन्म के संस्कार के कारण वह चोरी किया करता था। एक बार वह नगर में घूम रहा था, तब उसने कहीं परदेश से आए चार ब्राह्मणों को देखा। वे लोग हाट में अपने साथ लाई अनेक प्रकार की मूल्यवान् वस्तुएँ बेच रहे थे। देखते-ही-देखते उनके पास बहुत-सा धन एकत्र हो गया।

चोर ब्राह्मण की नीयत डोल गई। उसने सोचा, किसी उपाय से इनका धन उड़ा लिया जाए तो बहुत दिनों तक चोरी नहीं करनी पड़ेगी। उन्हें ठगने की मन में ठानकर वह ब्राह्मणों के पास जा बैठा। उसने मीठी-मीठी बातें करके उनपर अपना विश्वास जमा लिया। फिर उनका मन जीतने के लिए उन लोगों की सेवा करने लगा। ठीक ही कहा गया है कि खारा पानी बड़ा शीतल होता है। उसी प्रकार जो दंभी होता है, वही अपने विवेक की डींग भरता रहता है और जो जितना धूर्त होता है, उतने ही मीठे वचन बोलता है।

एक दिन अपना सारा माल बेच देने के बाद परदेशी ब्राह्मणों ने बहुत से मूल्यवान् रत्न खरीद लिये। चोर-डाकुओं के भय से उन्होंने रत्न अपनी जाँघों में छिपा लिये और अपने देश जाने की तैयारी करने लगे।

यह देखकर चोर ब्राह्मण चिंता में पड़ गया। सोचा, यहाँ तो इनका माल नहीं हड़प सकता, सो इनके साथ चलना ही ठीक होगा। रास्ते में घात पाने पर इन्हें विष देकर मार दूँगा और सारे रत्न मेरे हो जाएँगे।

उसने बड़ी दीनता के साथ प्रार्थना की, "आप लोगों के मोह में मैं कुछ ऐसा बँध गया हूँ कि अब अकेले यहाँ मन नहीं लगेगा। मुझे भी अपने साथ ही ले चलिए।"

ब्राह्मणों को उसपर दया आ गई। उन्होंने उदार मन से उसे भी साथ ले लिया।

वे पाँचों पल्लीपुर के बीच से गुजर रहे थे कि डाकुओं के पालतू कौए चिल्लाने लगे, "अरे किरातो, देखो। लाखों के रत्न लेकर ये धनकुबेर पैदल ही जा रहे हैं। इन्हें मारकर रत्न लूट लो।"

किरात लोग तुरंत ब्राह्मणों पर टूट पड़े और उन्हें लाठियों से पीट-पीटकर बेहाल कर दिया। वे गिर पड़े तो किरातों ने उनके कपड़ों को टटोला। तलाशी लेने पर कोई रत्न नहीं मिला तो वे चकित होकर बोले,

''अरे पथिको! हमारे इन पक्षियों की बात कभी झूठी नहीं निकली। जहाँ भी धन छिपा रखा हो, निकालकर दे दो, नहीं तो हम तुम्हें मार डालेंगे और एक-एक अंग काटकर देखेंगे।''

चोर ब्राह्मण ने विचार किया कि ये किरात मानेंगे नहीं। ब्राह्मणों को मार डालेंगे और सारे रत्न लेने के बाद मेरी भी तो हत्या कर देंगे। मरना तो है ही। ऐसे भी एक दिन मरण तो होना ही है, तो फिर मैं इन बेचारों की रक्षा करने के लिए अपना बलिदान ही क्यों न कर दूँ।

निश्चय करके उसने किरातों से कहा, ''तुम्हें हमारी बात पर विश्वास नहीं आता तो ऐसा करो। पहले मुझे मारकर देख लो कि हमारे शरीर में कहीं रत्न छिपा है या नहीं।''

किरातों ने उसे मार डाला। पर उसके अंगों को चीर-चीरकर देखने पर भी जब कोई रत्न नहीं मिला तो हत्या करके वे पछताने लगे और उन चारों ब्राह्मणों को उन्होंने मुक्त कर दिया।

□

''विद्वान् होने के कारण ही उस चोर ने अपनी जान देकर उन ब्राह्मणों की रक्षा कर ली, जिन्हें वह

स्वयं लूटना चाहता था। इसीलिए कहता हूँ कि मूर्ख की मित्रता से तो सुजान की शत्रुता भी भली।''

करटक की बात पूरी भी नहीं हुई थी कि एक-दूसरे से टकराते पिंगलक और संजीवक के युद्ध का अंत हो गया। सिंह पिंगलक ने सहसा अपने तीक्ष्ण नखों से संजीवक को फाड़ डाला। वह गिरकर धराशायी हो गया।

सामने मृत संजीवक को पड़ा देखकर पिंगलक को उसका प्रेम और गुण याद आए। वह आर्द्र होकर बोला, ''ओह, संजीवक का वध करके मैंने महापाप कर डाला। मित्रघात से भयानक दुष्कर्म और क्या हो सकता है!'' वह शोक से विह्वल होकर एक ओर बैठ गया।

तब कुटिल दमनक ने पास जाकर फिर अपनी चाल खेली। चापलूसी करता हुआ बोला, ''आप दुखी क्यों हैं, महाराज? द्रोही व्यक्तियों को दंड देना तो पराक्रमी राजा का धर्म है। आप तो जानते हैं कि संसार में उसीकी पूजा होती है, जिससे भय होता है। डसकर प्राण ले लेनेवाले विषधर नाग की तो सभी पूजा करते हैं, पर ऐसे नाग का वध करनेवाले गरुड़ की पूजा तो कोई नहीं करता। वैसे भी, जो मर गया, पंडित लोग उसके लिए व्यर्थ शोक नहीं करते।''

दमनक की बातों से पिंगलक का मन बहल गया। उसने संजीवक के लिए शोक मनाना छोड़कर फिर से दमनक को ही मंत्री बनाया और उसे सारे अधिकार सौंपकर शासन करने लगा।

द्वितीय तंत्र

मित्रसंप्राति

दक्षिण में महिलारोप्य नामक एक नगर था। उसके पास ही बरगद का एक विशाल वृक्ष था। बहुत से पक्षी उसके फल खाते और उसी पर बसेरा करते थे। बरगद के कोटरों में भी अनेक छोटे-बड़े जीव-जंतु रहते थे। थके हुए पथिक उसकी घनी छाया में विश्राम करते थे।

उसी वृक्ष पर एक कौआ भी रहता था। उसका नाम लघुपतनक था। एक दिन वह सुबह-सुबह चारे की खोज में उड़कर चला ही था कि रास्ते में एक ऐसा व्यक्ति दिखाई पड़ा, जो यमराज जैसा भयानक था। वह हाथ में जाल लिये उसी बरगद की ओर आ रहा था। कौए ने सोचा, यह बहेलिया निश्चय ही जाल फैलाकर चावल के दाने बिखराएगा और इस वृक्ष के पक्षियों को फँसाएगा। यह सोचकर कौआ अपने आवास बरगद के वृक्ष पर ही लौट आया। उसने पेड़ पर बैठे सभी पक्षियों को बहेलिए, उसके जाल और चारे के बारे में सावधान कर दिया।

बहेलिए ने बरगद के पास पहुँचकर सचमुच जाल बिछाया तथा चावल बिखेर दिए और पास ही एकांत में छिपकर बैठ गया।

बरगद पर बैठे हुए पक्षियों को लघुपतनक की बात याद थी। वे तो उस जाल में नहीं फँसे। तभी कबूतरों के एक झुंड के साथ उड़ता हुआ चित्रग्रीव नामक कबूतरों का राजा वहाँ आ पहुँचा। लघुपतनक उन्हें चेतावनी देकर रोकता रहा, पर उन्होंने अनसुनी कर दी। चावलों के लालच में बँधा चित्रग्रीव और उसका परिवार नीचे उतरकर चारा चुगने लगा। पलक झपकते ही वे जाल में फँस गए। बहेलिया एक साथ इतने कबूतर फँसे देखकर बहुत खुश हुआ और अपना डंडा सँभालकर उन्हें मारने के लिए आगे बढ़ा।

चित्रग्रीव ने उसे आते देखकर अपने साथी कबूतरों से कहा, ''देखो, हम संकट में तो पड़ ही गए हैं, पर घबराने या परेशान होने से कोई लाभ नहीं। इस समय बुद्धि से काम लेना चाहिए, तभी इस विपत्ति से

छुटकारा मिल सकता है।''

बहेलिया पास आता जा रहा था। कबूतर आतंक से व्याकुल होकर पंख फड़फड़ाने लगे। तभी एक उपाय सूझ गया। चित्रग्रीव ने कहा, ''मित्रो, अब तो एक ही चारा है, सब मिलकर जोर लगाओ और इस जाल को भी अपने साथ लेकर तेजी से उड़ चलो, तभी जान बच सकती है।''

राजा की आज्ञा पाते ही सब कबूतर जाल सहित आकाश में उड़ गए।

बहेलिया फिर भी पक्षियों के पीछे-पीछे दौड़ने लगा। वह सोच रहा था कि इस समय तो इन पक्षियों का आपस में गहरा संगठन है; लेकिन उड़ते-उड़ते इनमें किसी बात पर मनमुटाव जरूर पैदा हो जाएगा, तब इनका पतन होकर रहेगा।

लघुपतनक कौआ भी आतुरता से यह सब देख रहा था। वह भी अपने चारे की चिंता भूलकर कौतूहलवश उनके पीछे-पीछे उड़ चला।

लेकिन बहेलिए की आशा व्यर्थ गई। कबूतर जाल सहित उड़ते ही चले गए। अंततः काफी दूर चले जाने पर बहेलिया निराश हो गया—पक्षी तो मिले नहीं, जीविका का साधन जाल भी हाथ से जाता रहा।

चित्रग्रीव ने जब यह देखा कि बहेलिया अब बहुत पीछे छूट गया है, तो उसने अपने साथियों से कहा, ''हम सबको नगर के पूर्वोत्तर दिशा की ओर बढ़ना चाहिए। उधर मेरा परम मित्र चूहों का राजा हिरण्यक रहता है। वह इस जाल को काटकर निश्चय ही हमें इस संकट से उबार लेगा। विपत्ति में मित्र ही सहारा देते हैं।''

सारे कबूतर बड़ी आशा के साथ जाल लेकर उड़ते हुए उस हजार द्वारोंवाले बिल के पास पहुँचे, जो हिरण्यक के लिए किले जैसा सुरक्षित था।

बिल के एक द्वार पर पहुँचकर चित्रग्रीव ने पुकार लगाई, ''अरे हिरण्यक भाई, जल्दी आओ! मैं बड़े संकट में फँसा हूँ।''

चूहे ने अपने किले सरीखे बिल के भीतर से ही पूछा, ''तुम हो कौन? मुझसे क्या काम है? और तुमपर संकट क्या है—वहीं से बताओ!''

चित्रग्रीव बोला, ''भाई, मैं कबूतरों का राजा चित्रग्रीव हूँ। शीघ्र बाहर आओ। बहुत आवश्यक कार्य है।''

नाम सुनकर चूहा प्रसन्न होकर बिना डरे बिल से बाहर निकल आया। लेकिन सामने जाल में फँसे अपने मित्र और कबूतरों के झुंड को देखकर वह चकित रह गया। उसने चित्रग्रीव से पूछा, ''यह सब क्या हो गया, मित्र?''

चित्रग्रीव ने बताया, ''अरे भई, सब जानते हुए भी पूछ रहे हो! जीभ के स्वाद के चलते हम आज इस भयंकर जाल में फँस गए हैं। अब तुम इस बंधन से हमें शीघ्र मुक्त करो।''

हिरण्यक चूहा सबसे पहले चित्रग्रीव के बंधन काटने के लिए तैयार हुआ, तो चित्रग्रीव ने कहा, ''ऐसे नहीं, मित्र, तुम सबसे पहले मेरे साथियों को आजाद करो, फिर मुझे।''

यह सुनकर हिरण्यक क्रोध दिखाता हुआ बोला, ''पहले राजा की सेवा की जाती है, फिर सेवकों की।''

चित्रग्रीव ने कहा, ''भाई, ऐसा मत कहो। ये सारे कबूतर मेरी शरण में हैं। अपना घर-परिवार छोड़कर मेरे साथ आए हैं। यह कैसे संभव है कि मैं इनका सम्मान न करूँ? मान लो, मेरा जाल काटते समय कहीं तुम्हारे दाँत टूट गए और इस बीच बहेलिया भी आ गया तो मेरे ये साथी मारे जाएँगे और तब मुझे घोर पाप लगेगा।''

चित्रग्रीव की भावना देखकर हिरण्यक बहुत प्रसन्न हुआ। बोला, ''मुझे भी राजधर्म मालूम है, मित्र! मैं तो तुम्हारी परीक्षा ले रहा था।''

यह कहकर वह जाल काटने लगा। कुछ ही देर में सबको मुक्त करने के बाद उसने चित्रग्रीव से

कहा, ''अब तुम अपने साथियों के साथ घर जाओ। कभी फिर कोई संकट आए तो मुझे अवश्य याद करना।''

चित्रग्रीव अपने परिवार के साथ चला गया और हिरण्यक अपने किले—हजार द्वारोंवाले बिल—में घुस गया।

लघुपतनक कौआ दूर बैठा यह सब देख रहा था। उसने सोचा, यह मूषकराज हिरण्यक तो बड़ा ही योग्य और अद्भुत प्राणी है। इससे मित्रता करनी चाहिए। यह सोचकर लघुपतनक उसके बिल के एक दरवाजे पर पहुँचा और चतुराई से उसने चित्रग्रीव का-सा स्वर बनाकर पुकारा, ''हिरण्यक भाई! जरा बाहर आओ।''

चूहे ने सुनकर सोचा कि शायद कोई कबूतर बंधनमुक्त होने से रह गया है। इसलिए उसने पूछा, ''तुम कौन हो, क्या बात है?''

कौए ने कहा, ''मेरा नाम लघुपतनक है। मैं एक कौआ हूँ।''

कौए का नाम सुनते ही हिरण्यक चौकन्ना होकर और गहराई में चला गया। फिर बिल के भीतर से ही उसने जवाब दिया, ''मैं तुमसे नहीं मिलना चाहता।'' तुम यहाँ से चले जाओ।

कौआ बोला, ''मूषकराज, मैंने तुमको कपोतराज चित्रग्रीव और उसके साथियों को बंधनमुक्त करते हुए देखा है। इसी तरह कभी संकट पड़ने पर तुम मेरी भी सहायता कर सकते हो। मैं तुम्हारे साथ मित्रता करना चाहता हूँ।''

चूहे ने बिल के अंदर से ही कहा, ''तुम जीवभक्षक हो और मैं तो तुम्हारा आहार हूँ। भला हमारी-तुम्हारी मित्रता कैसे हो सकती है!''

कौआ बोला, ''यदि तुम मेरे साथ मित्रता नहीं करोगे तो मैं तुम्हारे बिल के दरवाजे पर ही अपनी जान दे दूँगा। मेरा और तुम्हारा भले ही पहले से कोई संबंध नहीं रहा, किंतु शत्रुता भी तो नहीं रही है।''

चूहे ने कहा, ''भाई, शत्रुता दो तरह की होती है—एक सहज, दूसरी कृत्रिम! तुम तो मेरे सहज शत्रु हो।''

कौए ने कहा, ''मुझे दोनों तरह की शत्रुता के बारे में बताओ।''

हिरण्यक बोला, ''जिस दुश्मनी का कोई कारण होता है, वह कृत्रिम होती है। ऐसी शत्रुता सेवा और दया से या किसी और उचित साधन से कारण दूर कर देने पर मिट जाती है। लेकिन जो शत्रुता अकारण होती है, वह सहज या प्राकृतिक होती है; जैसे—नेवले और साँप की, आग और पानी की, कुत्ते और बिल्ली की, अमीर और गरीब की, शिकारी और शिकार की, शाकाहारी और मांसाहारी पशुओं की शत्रुता आदि।''

लघुपतनक ने कहा, ''यह ठीक नहीं है। मित्रता किसी-न-किसी कारण से ही होती है और शत्रुता भी। समझदार व्यक्ति को चाहिए कि वह मित्रता ही करे, शत्रुता नहीं। तुम भी मेरे साथ मित्रता कर लो।''

फिर भी चूहे ने उसका विश्वास नहीं किया। उसने कहा, ''नीति के अनुसार सहज वैरी से मित्रता

करना ठीक नहीं। उसपर विश्वास करने से धोखा ही मिलता है।''

कुछ देर सोचकर लघुपतनक ने आग्रह के साथ कहा, ''चलो, तुम मेरे ऊपर विश्वास नहीं करते तो न सही; इतना तो हो ही सकता है कि तुम अपने किले जैसे बिल के अंदर रहते हुए मुझसे नीति-विषयक अच्छी-अच्छी बातें किया करो। मैं तुम्हारे बिल के बाहर ही बैठकर बातें किया करूँगा।''

इस आग्रह से हिरण्यक को लघुपतनक सचमुच समझदार और विश्वास के योग्य लगा। इससे मित्रता करने में कोई दोष नहीं, यह सोचकर उसने कहा, ''ठीक है, हम दोनों इसी प्रकार मिला करेंगे। बस, तुम कभी मेरे बिल के अंदर पैर मत रखना।''

कौआ खुश हो गया। फिर तो नित्य ही दोनों एक-दूसरे से बातचीत करने लगे। वे एक-दूसरे का हित सोचते। एक-दूसरे को प्रसन्न करने के लिए उपहार भी देते। लघुपतनक तो हिरण्यक के लिए मांस के टुकड़े और तरह-तरह के पकवान लाया करता था। चूहा भी कौए के लिए रात को जुटाए गए चावल आदि स्वादिष्ट भोजन दिया करता।

धीरे-धीरे हिरण्यक को लघुपतनक पर विश्वास जमने लगा। अब वह कौए के आने पर बिल के बाहर निकल आता और निर्भय होकर उसके पंख के नीचे बैठकर बातें किया करता।

एक दिन लघुपतनक बड़ा उदास-उदास दिखा। हिरण्यक ने उसके दुःख का कारण पूछा तो लघुपतनक ने उदास होकर कहा, ''भाई, मैं तो अब कहीं और चला जाना चाहता हूँ। बारिश न होने के

कारण यहाँ सूखा पड़ गया है। अकाल में लोग भूखों मर रहे हैं। भूख के मारे लोग आहार के लिए पक्षियों को जाल में फँसा रहे हैं। मैं किसी तरह बचता रहा हूँ। लेकिन कब तक बचूँगा। इसलिए मैं तो अब इस देश को हमेशा के लिए छोड़ जाना चाहता हूँ।''

हिरण्यक ने पूछा, ''लेकिन तुम जाओगे कहाँ?''

लघुपतनक ने बताया, ''दक्षिणापथ की ओर। वहाँ घने वन के बीच एक बहुत बड़ा सरोवर है। वहाँ मंथरक नाम का एक कछुआ है। वह मेरा तुमसे भी अधिक प्रेम करनेवाला गहरा मित्र है। वहाँ मंथरक मुझे खाने के लिए मछलियाँ दिया करेगा। उसके साथ ही हमारी सुभाषित गोष्ठी भी चला करेगी। दोनों के दिन सुख से कटेंगे। यहाँ जाल में फँसकर मरने से तो बचूँगा।''

हिरण्यक ने कहा, ''फिर तो मैं भी तुम्हारे साथ चलूँगा, मित्र! मुझे भी यहाँ बहुत कष्ट है।''

कौए ने पूछा, ''तुम्हें क्या कष्ट है?''

चूहे ने कहा, ''मेरी कहानी भी बड़ी लंबी है। वहीं चलकर बताऊँगा।''

कौए ने पल-भर सोचकर पूछा, ''लेकिन मैं तो आकाश-मार्ग से उड़कर जाऊँगा। तुम मेरे साथ उतनी दूर कैसे चलोगे?''

चूहे ने कहा, ''तुम मुझे अपनी पीठ पर बैठाकर ले चलो, और तो कोई उपाय नहीं है।''

कौआ इस बात से बहुत प्रसन्न हुआ। उसने चूहे को अपनी पीठ पर बैठा लिया और सँभालकर सहज गति से उड़ चला।

दोनों उस सरोवर के पास जा पहुँचे, जिसमें लघुपतनक का मित्र मंथरक रहता था। कौए ने पहले चूहे

को एक वृक्ष के कोटर में उतार दिया, फिर मंथरक को पुकारते हुए बोला, ''मैं तुम्हारा मित्र लघुपतनक हूँ। बहुत दिनों से तुम्हें देखने की इच्छा हो रही थी, इसीलिए यहाँ आया हूँ।''

सुनते ही मंथरक भाव-विभोर होकर जल से बाहर निकल आया। बोला, ''मैंने तुम्हें आते दूर से ही देख लिया था; पर तुम्हें पहचान नहीं पाया था, इसलिए पानी में छिप गया था। आओ! आज तुम्हारे दर्शन

करके मैं बहुत प्रसन्न हूँ।''

दोनों मित्र आपस में गले मिले।

हिरण्यक ने भी आकर मंथरक को प्रणाम किया।

मंथरक ने लघुपतनक से पूछा, ''मित्र, यह चूहा तुम्हारा कौन है, जिसे तुम अपनी पीठ पर बैठाकर यहाँ लाए हो? ऐसे तो यह तुम्हारा आहार माना जाता है। फिर भी तुम उसे पीठ पर लादकर यहाँ तक आए हो तो कोई विशेष कारण अवश्य होगा।''

लघुपतनक ने कहा, ''यह तो मेरा घनिष्ठ मित्र मूषकराज हिरण्यक है। तुम हमें दो शरीर—एक प्राण भी कह सकते हो।''

मंथरक ने पूछा, ''लेकिन इसको ऐसा वैराग्य क्यों हो गया, जो अपना घर छोड़कर तुम्हारे साथ चला आया?''

लघुपतनक ने बताया, ''यह अपनी कहानी यहीं आकर बताना चाहता था।''

उसने हिरण्यक से कहा, ''क्यों भाई, अब तो बताओ कि तुम्हें उस स्थान से क्यों वैराग्य हो गया है?''

हिरण्यक अपनी कहानी सुनाने लगा—

संन्यासी और मूषक

दक्षिण के ही एक जनपद में महिलारोप्य नामक एक नगर है। उसके निकट ही भगवान् शंकर का एक विशाल मंदिर था। वहाँ एक संन्यासी रहता था। उसका नाम ताम्रचूड़ था। वह नगर में भिक्षा माँगकर गुजारा करता था। भिक्षा में मिले अन्न में से जो बच जाता, उसे ताम्रचूड़ रात को सोते समय अपने पास ही भिक्षापात्र में रखकर खूँटी पर टाँग देता था। सवेरे वह इस बचे हुए अन्न को मंदिर में सफाई करनेवालों में बाँट देता था।

एक दिन उस मंदिर में रहनेवाले सब चूहों ने आकर मुझसे कहा, ''हे स्वामी, इस मंदिर का पुजारी रोज रात को बहुत सारे पकवान अपने भिक्षापात्र में रखकर खूँटी पर टाँग देता है। आप आहार के लिए व्यर्थ ही इधर-उधर भटकते हैं। हम तो उस पकवान तक पहुँच नहीं पाते; किंतु आप समर्थ हैं, उस भोजन तक आप तो पहुँच ही सकते हैं। इस भिक्षापात्र पर चढ़कर आप पकवान का आनंद लीजिए। आप चलेंगे तो हमें भी सहज ही पकवान का आनंद लेने का अवसर मिल जाएगा।''

यह सुनकर मैं चूहों के झुंड के साथ वहाँ जा पहुँचा, जहाँ खूँटी पर भिक्षापात्र टँगा था। मैं तो एक ही उछाल में खूँटी पर टँगे भिक्षापात्र पर जा चढ़ा। फिर तो उसमें रखे स्वादिष्ट पकवान को मैंने अपने अनुचरों के लिए नीचे गिरा दिया। खाकर वे तृप्त हुए। मैंने भी पेट-भर खाया। सबके संतुष्ट होने के

बाद मैं उतरकर अपने बिल में चला गया।

इस प्रकार मैं नित्य ही रात में अनुचरों को पकवान खिलाया करता और स्वयं भी खाकर तृप्त होता। अपनी ओर से ताम्रचूड़ संन्यासी पूरी तरह सावधान रहता और चूहों को भगाने की पूरी चेष्टा करता; लेकिन जैसे ही उसे नींद आती, मैं अपने अनुचरों की सेना के साथ पहुँचकर भिक्षापात्र में रखे भोजन की सफाई कर देता।

ताम्रचूड़ ने तंग आकर एक दिन भोजन की रक्षा करने के लिए नया ही उपाय किया। वह एक फटा हुआ बाँस ले आया और सोते समय भी बार-बार चौंककर फटे हुए बाँस को जोर-जोर से भिक्षापात्र पर पटकता रहता था। इससे हमारे भोजन में बाधा पड़ी। कितनी ही बार डंडे के प्रहार के डर से मैं बिना खाए ही भिक्षापात्र से कूदकर भाग आता था। उसके साथ हमारा यह संघर्ष चलता ही रहता। कभी-कभी तो इसी तरह उछलते-भागते सारी रात बीत जाती थी।

एक दिन ताम्रचूड़ का एक मित्र संन्यासी उसका अतिथि बनकर आया। उसका नाम था बृहत्स्फिक्। रात को दोनों खा-पीकर लेटते तो धार्मिक कथाएँ कहने-सुनने लगते। लेकिन एक रात कुछ और ही घटना हो गई। होता यह था कि बात करते-करते भी संन्यासी ताम्रचूड़ रात को मुझे भगाने में लगा रहता था, सो वह मित्र की बातों पर पूरा ध्यान नहीं दे पाता था। इससे उसका मित्र नाराज हो गया। बोला, ''तू मेरे साथ प्रेमपूर्वक बातचीत नहीं करता। सवेरे ही मैं तेरे इस मठ को छोड़कर कहीं और चला जाऊँगा। तेरे अंदर अहंकार पैदा हो गया है। मठाधीश बनकर तू कपटी हो गया है। तू नरक में जाएगा!''

सुनकर ताम्रचूड़ आहत हुआ। उसने बड़ी बेबसी से कहा, ''ऐसा मत कहो। तुम मेरे परम प्रिय मित्र हो। मैं तो उस चूहे को भगाने में लगा रहता हूँ, जो बंदर की तरह उछलकर इतने ऊपर लटके भिक्षापात्र तक

भी बार-बार पहुँच जाता है।''

उसके मित्र ने कहा, ''आश्चर्य है कि तुम एक चूहे तक को समझ नहीं पाए। यह चूहा अवश्य धनी है। इसे धन की ही गरमी है। इसके बिल में रत्न और जवाहरात एकत्र होंगे। उस धन की गरमी से ही यह इस तरह इतनी ऊँचाई तक छलाँग लगाया करता है। बिना कारण के कोई कार्य नहीं हुआ करता। ब्राह्मणी अपने साफ किए तिलों को बिना साफ किए तिलों से बदलने के लिए बिना किसी कारण के ही तो नहीं आई थी।''

ताम्रचूड़ ने पूछा, ''वह कथा क्या है?''

बृहत्स्फिक् कथा सुनाने लगा—

धुले तिल : अनधुले तिल

एक बार मैं वर्षा ऋतु में चातुर्मास व्रत पूरा करने के लिए एक ब्राह्मण के घर रुका था। एक दिन सवेरे आँख खुली तो ब्राह्मण और ब्राह्मणी की बातचीत मेरे कानों में पड़ी।

ब्राह्मण कह रहा था, ''आज संक्रांति का पर्व है। मैं तो दूसरे गाँव में भिक्षा माँगने जाऊँगा। तुम भी यहाँ किसी ब्राह्मण को दान के रूप में कुछ भोजन अवश्य करा देना। आज दान करने में बड़ा पुण्य मिलता है।''

यह बात सुनकर ब्राह्मणी को गुस्सा आ गया। वह झिटकारती हुई बोली, ''हम लोग कहाँ के धनवान् हैं! अपने खाने का तो कोई ठिकाना नहीं, ब्राह्मण को भला कहाँ से खिलाऊँगी?''

ब्राह्मण ने कहा, ''तुम्हारे सोचने का तरीका ठीक नहीं है। अरी, अगर आदमी स्वभाव से दानी है तो गरीब होने पर भी वह दान देता है; लेकिन कंजूस आदमी धनवान् होते हुए भी कुछ नहीं देता। याद रहे, ज्यादा लालच नहीं करना चाहिए और तृष्णा को पूरी तरह खुली नहीं छोड़ देना चाहिए। कहा गया है कि बहुत ज्यादा लोभ करनेवाले के माथे पर शिखा उग आती है।''

ब्राह्मणी ने चौंककर कहा, ''सो कैसे?''

ब्राह्मण कहने लगा—

किसी वन में एक भील रहा करता था। एक बार वह वन में आखेट करने गया। उसने एक भयंकर वनैले सूअर को देखकर निशाना साधा और उसे बाण से बींध दिया। घायल सूअर भी गुस्से में आकर झपटा और उसने भील का पेट फाड़ दिया। भील तुरंत मर गया और तीर के घाव से तड़पता सूअर भी मर गया।

इतने में एक सियार वहाँ पहुँच गया। मरे हुए भील और सूअर को देखकर वह बड़ा प्रसन्न हुआ। उसने सोचा, आज तो बहुत सारा बढ़िया आहार मिल गया। इसे धीरे-धीरे खाऊँगा, ताकि काफी दिनों तक चल सके। यह सोचकर उस लोभी सियार ने सबसे पहले धनुष में लगी हुई सूखी ताँत को चबाना शुरू किया। जैसे ही ताँत कटी, चढ़े हुए धनुष का नुकीला सिरा तेजी से उसके हलक में जा धँसा और माथे को फाड़ता हुआ ऊपर निकल गया। लालची सियार तत्काल गिरकर मर गया।

इसलिए कहा है कि अधिक लालच बुरी बला है। लालच के कारण ही सियार के माथे पर शिखा उग आई।

ब्राह्मणी ने सोचकर कहा, ''अच्छा, यदि दान देने से इतना पुण्य मिलता है, तो मेरे घर में जो थोड़े से तिल रखे हैं, आज संक्रांति के दिन उसीको धो-कूटकर मैं किसी ब्राह्मण को भोजन करा दूँगी।''

ब्राह्मण संतुष्ट होकर दूसरे गाँव के लिए चल पड़ा।

ब्राह्मणी ने तिलों को साफ करके धोया और उसे सूखने के लिए रखकर वह दूसरे कामों में लग गई। अचानक एक कुत्ते ने आकर सूखते हुए तिलों पर पेशाब कर दिया।

ब्राह्मणी बहुत दुखी हुई। अब भला ब्राह्मण को क्या खिलाएगी! फिर मन में एक कुटिल विचार आया। उसने सोचा, इन तिलों को किसीके बिना साफ किए तिलों से बदल लाती हूँ। साफ, धुले हुए तिलों से बिना साफ किए गए तिल बदलने को तो कोई भी तैयार हो जाएगा। यह सोचकर वह अपने तिल लिये हुए पड़ोसिन के यहाँ गई। अपने साफ तिल उसने बिना साफ किए तिलों से बदलने चाहे। पड़ोस की गृहिणी तो धुले तिल लेकर बदले में अपने घर के अनधुले तिल देने को तैयार हो गई, लेकिन उसके बेटे ने मना कर दिया। बोला, ''माँ, इसके पीछे कोई-न-कोई चाल अवश्य होगी। भला धुले तिल देकर गंदे तिल कोई क्यों लेगा?''

□

यह कहानी सुनाकर ताम्रचूड़ के मित्र ने कहा, ''तुम्हें इस चूहे के आने-जाने का मार्ग तो मालूम ही है। जमीन खोदने का कोई औजार हो तो निकालो। ताम्रचूड़ ने कहा, ''मेरे पास लोहे की एक कुदाल है।''

अतिथि संन्यासी बोला, ''बस-बस, ठीक है। सवेरे तुम मेरे साथ ही रहना। चूहों के आने-जाने से बने निशान देखकर हम उनके बिल तक पहुँच जाएँगे।''

मैंने उन दोनों की बातें सुनीं, तो चौकन्ना हो गया—अब खतरा है। भिक्षापात्र में से निकलकर मैं तत्काल अपने परिवार से मिला। उनके साथ मैंने अपने बिलवाला मार्ग छोड़कर दूसरे मार्ग से निकल जाने की सोची। लेकिन नए मार्ग पर सहसा एक भारी-भरकम बिलाव मेरे परिवार पर टूट पड़ा। उसने बहुत से चूहों को मार डाला। किसी तरह मैं बच गया। घायल चूहे व्याकुल होकर मुझे ही जली-कटी सुनाते हुए

मेरा साथ छोड़कर भागे और जमीन पर खून के निशान छोड़ते हुए फिर उसी बिल में चले गए। मैं बचकर दूसरी तरफ चला गया।

खून के निशान के सहारे वह संन्यासी हमारे बिल तक पहुँच गया। उसने कुदाल से बिल खोद डाला। बिल में रखी मेरी सारी निधि उसे मिल गई।

ताम्रचूड़ के मित्र ने प्रसन्न होकर कहा, "अब बेफिक्र होकर सोओ, क्योंकि वह दुष्ट चूहा इस धन के बल पर ही उतनी ऊँची छलाँग लगाया करता था। धन नहीं रहने से उसका बल टूट गया। अब लाख चेष्टा करके भी वह तुम्हारे भिक्षापात्र तक नहीं पहुँच सकेगा।"

इधर मेरे बंधु-बांधव भी मेरा साथ छोड़ गए थे। रत्नों की शक्ति छिन जाने से मैं निर्बल हो गया और प्रयास करके भी अब उतना ऊँचा नहीं कूद पाता था।

वह संन्यासी मेरा सारा धन पोटली में बाँधकर अपने सिरहाने रख लेता था। मैंने उस पोटली को ही काटकर धन निकालने की सोची। मैं किसी तरह अपने उस धन को प्राप्त करके अपने बिल में ले जाना चाहता था।

एक रोज रात को ताम्रचूड़ सो रहा था। मैं चुपके से गया और उसके सिरहाने रखी पोटली को कुतरने लगा। लेकिन वह दुष्ट जाग गया। उसने मेरे सिर पर फटा बाँस दे मारा। मैं घायल हो गया; लेकिन किसी तरह प्राण बच गए।

□

अपनी कहानी सुनाकर हिरण्यक बोला, "जीवन में इतने सुख-दुःख भोगने के बाद मैं विषाद से ग्रस्त हूँ। ऐसी स्थिति में मित्र लघुपतनक सहारा

देकर मुझे तुम्हारे पास ले आया।''

मंथरक बोला, ''भाई, यह कौआ सचमुच तुम्हारा घनिष्ठ मित्र है। तुम इसका आहार माने जाते हो, फिर भी यह तुमको अपनी पीठ पर चढ़ाकर इतनी दूर मेरे पास तक ले आया। अवसर पाकर भी इसने तुम्हें खाया नहीं। सच ही कहा गया है कि धन पाकर भी जिसका चित्त विकृत न हो और जो सदा के लिए मित्र बने, ऐसे व्यक्ति से ही मित्रता करनी चाहिए। अब तुम निश्चिंत होकर यहाँ आराम से रहो। तुम्हारा जो धन नष्ट हो गया है, उसकी चिंता मत करो। क्योंकि जो धन तुम्हारा है ही नहीं, उसको तुम एक पल के लिए भी नहीं भोग सकते। अगर भाग्य में न हो तो व्यक्ति के पास जो धन होता है, वह भी नष्ट हो जाता है। उसका सुख नहीं मिलता; जैसा सोमिलक के साथ हुआ।''

चूहे ने पूछा, ''यह सोमिलक कौन था?''

मंथरक कहानी सुनाने लगा—

गुप्तधन, उपभुक्तधन

किसी नगर में एक जुलाहा रहता था। उसका नाम था सोमिलक। वह बहुत सुंदर कपड़े बनाता था; फिर भी उसके कपड़ों की बिक्री बहुत कम होती थी। मामूली और मोटा कपड़ा बनानेवालों की बिक्री अधिक होती थी। इसी कारण सोमिलक सदा धन के अभाव से पीड़ित रहता। आखिरकार उसने किसी अन्य देश में जाकर अपना व्यवसाय शुरू करने का विचार किया। एक दिन वह वर्धमानपुर नामक नगर की ओर चला गया।

वहाँ तीन साल तक काम करने के बाद उसने तीन सौ स्वर्णमुद्राएँ अर्जित कर लीं। तब वह घर की ओर लौट पड़ा। रास्ते में वन पड़ता था। उसे रात वन में ही बितानी पड़ी। तब वह एक वृक्ष पर चढ़कर सो गया।

सपने में उसे दो भीमकाय व्यक्ति दिखाई पड़े। उनमें से एक ने कहा, ''हे कर्ता, तुमने सोमिलक को तीन सौ सोने के सिक्के क्यों दिए; जबकि तुम जानते हो, उसकी किस्मत में मामूली रोटी-कपड़े के सिवा और कुछ भी नहीं है?''

दूसरे व्यक्ति ने कहा, ''हे कर्म! मैं उद्योग करनेवाले मेहनती व्यक्ति को धन तो देता ही हूँ। अब यह तुम्हारा काम है कि उसे उसके पास रखो या छीन लो।''

जुलाहे की आँख खुली तो उसने देखा—उसके सोने के सारे सिक्के गायब हो गए हैं। वह बड़ा दुखी हुआ और अपने भाग्य को कोसने लगा। उसने सोचा, खाली हाथ जाकर पत्नी और बंधु-बांधवों को क्या मुँह दिखाऊँगा! इसलिए वह दोबारा धन कमाने के लिए वर्धमानपुर की ओर चल दिया। इस बार उसने एक वर्ष में ही मेहनत करके सोने के पाँच सौ सिक्के कमा लिये।

वह फिर धन लेकर घर की ओर चल पड़ा। इस बार भी मार्ग में रात हो गई, फिर भी वह सोया नहीं। सहसा उसने दो आदमियों को सामने से आते देखा। इस बार भी वे दोनों वही पहले जैसी बातें कर रहे थे। थोड़ी देर बाद सोमिलक के पाँच सौ सिक्के भी सहसा गायब हो गए। इससे निराश होकर सोमिलक आत्महत्या करने की सोचने लगा। उसने घास की रस्सी बट ली और गले में फँसाकर मरने पर तुल गया।

तभी एक व्यक्ति ने आकाश में खड़े होकर कहा, ''सोमिलक, तेरे भाग्य में धन नहीं है। तू ऐसे ही अपने घर चला जा। वैसे मैं तुम्हारे साहस से बहुत प्रसन्न हूँ। तू जो चाहे वर माँग ले।''

सोमिलक बोला, ''वरदान दे रहे हो तो ऐसा करो कि मुझे बहुत-सा धन मिल जाए।''

उस व्यक्ति ने कहा, ''जिस धन का तुम भोग नहीं कर सकते, उस धन को लेकर क्या करोगे?''

सोमिलक बोला, ''भले ही मेरे भाग्य में धन का भोग नहीं है, फिर भी मैं चाहता हूँ कि मेरे पास धन रहे; क्योंकि जिस मनुष्य के पास धन होता है, वह चाहे कृपण हो, कितने भी छोटे कुल का हो, चाहे सज्जनों ने उसे छोड़ ही दिया हो, फिर भी समाज में लोग उसका आदर करते हैं।''

यह सुनकर उस व्यक्ति ने कहा, ''अगर तुम्हारी ऐसी ही इच्छा है तो तुम फिर वर्धमानपुर नगर को वापस जाओ। वहाँ दो वणिकपुत्र रहते हैं। एक का नाम गुप्तधन है, दूसरे का नाम उपभुक्तधन। तुम वहाँ जाकर देखो कि वे किस प्रकार अपने-अपने धन का उपयोग करते हैं। उनमें से तुम जिस धनी को पसंद करोगे, मैं तुमको उस जैसा ही धनी

बना दूँगा।''

यह कहकर वह पुरुष गायब हो गया।

सोमिलक फिर वर्धमानपुर नगर लौट गया। पता करके वह पहले गुप्तधन के घर पहुँचा। गुप्तधन और उसका परिवार सोमिलक को दुत्कारता रहा; फिर भी वह घुसकर दरवाजे प्रर बैठ ही गया। हारकर गुप्तधन ने उसके सामने भी थोड़ा-सा भोजन डाल दिया।

रात में सोमिलक ने फिर उन्हीं दोनों व्यक्तियों को बातचीत करते देखा।

उनमें से कर्म ने कहा, ''हे कर्ता! तुमने गुप्तधन का इतना खर्चा करवा दिया, क्योंकि उसने सोमिलक को खाना खिलाया। यह तुमने अच्छा नहीं किया।''

कर्ता ने कहा, ''हे कर्म! लाभ पहुँचाना मेरा काम है, लेकिन उसका फल देना, न देना तुम्हारा।''

दूसरे दिन प्रातः जब गुप्तधन उठा तो उसके पेट में दर्द हो रहा था। दर्द के कारण वह उस दिन बिना भोजन किए ही पड़ा रहा। इस प्रकार उसने सोमिलक को जो भोजन कराया था, उसकी क्षतिपूर्ति हो गई।

दूसरे दिन सोमिलक उपभुक्तधन के घर गया। वहाँ उसका विधिपूर्वक अतिथि-सत्कार हुआ। यहाँ भी सोमिलक ने आधी रात को उन्हीं दोनों पुरुषों को बातचीत करते देखा। पहले पुरुष ने कहा, ''हे कर्ता, तुमने सोमिलक के सत्कार पर उपभुक्तधन का इतना अधिक ख़र्च करवा दिया है। यह किस तरह पूरा होगा?''

दूसरा पुरुष बोला, ''हे कर्म, मैंने जो किया, वह मेरा काम है। उसका फल देना तुम्हारे वश में है।''

प्रातःकाल राजपुरुषों ने आकर उपभुक्तधन को राजा की ओर से अपार धन पुरस्कार में दिया।

दोनों वणिकपुत्रों का रूप देखकर सोमिलक ने सोचा—उस कृपण गुप्तधन से तो धन का संग्रह न करनेवाला यह उपभुक्तधन ही श्रेष्ठ है। दाता, मुझे ऐसा ही बना दे।

□

यह कहानी सुनाकर मंथरक ने हिरण्यक से कहा, ''मित्र, तुम अपने खोए हुए धन का मोह छोड़ दो; क्योंकि जो धन किसीके काम न आए, वह न होने के समान ही है।''

मंथरक की बात सुनकर लघुपतनक ने कहा, ''भाई, तुम्हें मंथरक की बताई हुई नीति पर ध्यान देना चाहिए।''

तीनों बातें कर ही रहे थे कि एक घबराया हुआ हिरन तेजी से भागता हुआ आया और सरोवर में पैठ गया।

उसको देखते ही लघुपतनक कौआ तत्काल उड़कर पेड़ पर बैठ गया। चूहा झाड़ी के पीछे छिप गया और मंथरक कछुआ भी तालाब में चला गया।

जब वह भयभीत हिरन वहाँ आकर रुका, तब वृक्ष पर बैठे लघुपतनक ने उसे गौर से देखा और मंथरक को पुकारकर बोला, ''मित्र, तुम तालाब से बाहर आ जाओ। यह कोई उत्पाती मनुष्य नहीं, हिरन है। प्यासा होने के कारण ही सरोवर में आ गया है।''

मंथरक ने कहा, ''लघुपतनक, यह हिरन केवल प्यासा ही नहीं है, बल्कि शिकारियों से भयभीत होकर यहाँ भागकर आया है।''

तब हिरन चित्रांग ने कहा, ''मंथरक, तुमने मेरे भय के कारण को एकदम ठीक-ठीक समझा है। मैं शरणागत हूँ। मुझे शिकारियों से बचने का कोई उपाय बताओ।''

मंथरक बोला, ''नीतिशास्त्र के अनुसार तो दो ही उपाय हैं—शत्रु का सामना होने पर या तो उससे लड़ा जाए या वहाँ से भागकर जान बचाई जाए। इस समय तो तुम्हारा यहाँ से भागकर बचना ही उचित है। बहेलिए इधर आएँ, इसके पहले ही तुम जंगल में छिप जाओ।''

इस बीच लघुपतनक कौए ने इधर-उधर चक्कर काटकर देख लिया था। वह आकर बोला, ''शिकारी अब उधर से ही लौटकर अपने घर चले गए हैं, इसलिए चित्रांग, तुम अब भय त्यागकर बाहर आ जाओ।''

इस तरह उन चारों में मित्रता हो गई और वे आनंद से वहीं रहने लगे।

वे रोज मिलकर बैठते। एक-दूसरे के सुख-दु:ख की बातें करते।

एक दिन अचानक चित्रांग हिरन गोष्ठी में नहीं आया। न जाने कहाँ गायब हो गया। चिंता के मारे सभी व्याकुल हो गए। लघुपतनक कौआ उड़ान भरकर उसकी तलाश करने लगा। थोड़ी दूर जाने पर उसने देखा कि चित्रांग एक छोटे से जलाशय के तट पर जाल में जकड़ा पड़ा है। चित्रांग उसे देखकर बड़ा दुखी हुआ। लघुपतनक ने उसे धीरज देते हुए कहा, ''मित्र, हम जैसे तीन-तीन मित्रों के होते तुम जरा भी चिंता मत करो। मैं अपने मित्र हिरण्यक को अभी बुलाकर लाता हूँ। वह तुम्हारे बंधन काट देगा।''

लघुपतनक ने जाकर यह दु:खद सूचना अपने दोनों मित्रों को दी और कुछ देर बाद ही हिरण्यक को पीठ पर बैठाए आ पहुँचा।

हिरण्यक ने जाल काटा ही था कि मित्र के लिए व्याकुल मंथरक भी आ गया। लघुपतनक ने मंथरक को देखते ही कहा, ''तुमने यहाँ आकर ठीक नहीं किया, मित्र! यदि अभी शिकारी चित्रांग को खोजते-खोजते आ धमके तो मैं आकाश में उड़ जाऊँगा, हिरण्यक बिल में घुस जाएगा और चित्रांग भागकर वन में छिप जाएगा। ऐसे में मंथरक, तुम्हारा क्या हाल होगा?''

और सचमुच उसी समय शिकारी वहाँ पहुँच गया।

तब तक हिरण्यक ने बंधन काटकर चित्रांग को स्वतंत्र कर दिया था। चित्रांग तत्काल उठकर भाग गया। लघुपतनक उड़कर पेड़ पर जा बैठा और हिरण्यक भी पास ही एक बिल में घुस गया। बेचारा मंथरक धीरे-धीरे जमीन पर रेंगता हुआ जलाशय की ओर बढ़ रहा था कि शिकारी ने लपककर उसे ही पकड़ लिया और घास-फूस से बाँधकर उसे अपने धनुष में लटकाकर घर की ओर चल पड़ा।

चूहा यह देखकर विलाप करने लगा, "ओह, सर्वनाश हो गया! अब मंथरक जैसा मित्र हमें कहाँ मिलेगा?"

चित्रांग और लघुपतनक भी शोकग्रस्त होकर वहीं आ गए।

हिरण्यक बोला, "इस तरह दुःख मनाने से तो कोई लाभ नहीं। हमें किसी प्रकार मित्र मंथरक को छुड़ाने की कोशिश करनी चाहिए। व्याध मंथरक को लेकर आँखों से ओझल हो जाए, इसके पहले ही कोई उपाय करना होगा।"

लघुपतनक तत्काल बोल पड़ा, "तो फिर ऐसा करते हैं। शिकारी के रास्ते में आगे जो जलाशय है वहाँ चित्रांग जल्दी से रास्ता काटकर दूसरी ओर से पहुँच जाए और साँस रोककर निर्जीव की भाँति जलाशय के पास ही पड़ जाए। मैं उसके शरीर पर बैठकर चोंच से कुछ ऐसे कुरेदना शुरू कर दूँगा कि निश्चेष्ट पड़े

हिरन को देखकर व्याध यही समझेगा कि चित्रांग मरा हुआ पड़ा है, तभी तो कौआ इस तरह चोंच मार रहा है। तब शिकारी मंथरक को नीचे रखकर अवश्य चित्रांग को उठाने के लिए आएगा। उस समय हिरण्यक जल्दी से घास-फूस का बंधन काटकर मंथरक को मुक्त कर देगा और वह तुरंत जलाशय में छिप जाएगा।''

यह युक्ति काम कर गई। मंथरक छूटते ही पानी में उतर गया। उसी समय चित्रांग शिकारी को पास आया देख उठा और घने वन में भाग गया। कौआ भी उड़ गया।

शिकारी ने निराश होकर माथा पीट लिया और वापस चला गया। चारों मित्र—कौआ, कछुआ, चूहा और हिरन मिल-जुलकर आराम से जीवन बिताने लगे। इसलिए बुद्धिमान व्यक्ति को सोच-समझकर योग्य मित्र बनाने चाहिए। मित्रों के साथ कभी विश्वासघात नहीं करना चाहिए।

सच्चे मित्र से बढ़कर दुःख का साथी और कौन हो सकता है!

तृतीय तंत्र

काकोलूकीयम्

दक्षिणापथ के एक जनपद में महिलारोप्य नामक एक नगर था। उसकी सीमा के पास ही अनगिनत शाखाओं और पत्तों से लदा एक घना, विशाल वटवृक्ष था। उसी पेड़ पर कौओं का बहुत बड़ा समुदाय रहता था, जिनका राजा था मेघवर्ण।

पास ही एक पर्वत की गुफा में उल्लुओं की बस्ती थी। अरिमर्दन उल्लुओं का राजा था। रात को अरिमर्दन अपने दुर्ग जैसी गुफा से निकलकर वटवृक्ष के चारों ओर मँडराता और उस समय जो भी कौआ बाहर दिख जाता, अरिमर्दन सहज शत्रुता के कारण उसे मारकर खा जाता। इस प्रकार उसने वृक्ष रूपी किले के बाहर जितने भी कौए थे, उन सभी को मार डाला।

एक दिन कौओं के राजा ने अपने सभी मंत्रियों को बुलाकर इस संकट के विषय में विचार-विमर्श किया। पहले उसने उज्जीवी नामक मंत्री से पूछा कि उसकी क्या राय है? उज्जीवी ने कहा, ''ताकतवर दुश्मन से लड़ाई न करके उससे समझौता कर लेना चाहिए।''

फिर मेघवर्ण ने संजीवी नामक मंत्री की राय ली।

उसने कहा, ''मैं संधि का पक्षधर नहीं हूँ; क्योंकि जो अत्याचारी है, उसके साथ समझौता करना उचित नहीं। हमें उसके साथ युद्ध ही करना चाहिए। अगर हम उससे समझौता करने की बात करेंगे तो वह और ज्यादा अकड़ेगा। शक्तिशाली से डरने की बात मेरी समझ में नहीं आती। छोटा प्राणी भी यदि साहस के साथ प्रयत्न करे तो बड़े-से-बड़े दुश्मन को भी समाप्त कर सकता है। जैसे कद-काठी में हाथी बहुत बड़ा प्राणी होता है, फिर भी उसको नन्ही-सी चींटी मार देती है।''

उसके बाद मेघवर्ण ने तीसरे मंत्री अनुजीवी से मंत्रणा की।

अनुजीवी ने कहा, ''स्वामी! हमारा शत्रु शक्तिशाली होने के साथ-साथ पापात्मा भी है। उसके साथ

न समझौता करना चाहिए और न युद्ध ही। बल्कि इस समय तो इस विकट शत्रु के सामने से पीछे हट जाने में ही भलाई है।'' उसके बाद राजा मेघवर्ण ने मंत्री प्रजीवी की सलाह माँगी।

उसने कहा, ''संधि, विग्रह अथवा पलायन—मुझे तो ये तीनों ही उचित नहीं लगते। मेरे विचार से तो 'आसन' की नीति ठीक है—हमको अपने स्थान पर ही बने रहना चाहिए। जैसे घड़ियाल अपने जलाशय में डटे रहने पर ही विशाल हाथी को भी पानी में खींचकर परास्त कर देता है।'' अंत में मेघवर्ण ने चिरंजीवी नामक मंत्री की सलाह माँगी।

उसने कहा, ''ऐसी स्थिति में हमको किसी और शक्तिशाली मित्र की सहायता भी लेनी चाहिए। शक्तिशाली व्यक्ति भी अकेला प्रायः कुछ नहीं कर पाता।''

अपने सभी मंत्रियों के विचार जानने के बाद मेघवर्ण ने अपने पिता के वयोवृद्ध मंत्री, नीतिशास्त्र के प्रकांड विद्वान् स्थिरजीवी से अपना विचार प्रकट करने का अनुरोध किया।

स्थिरजीवी ने कहा, ''वत्स, तुम्हारे मंत्रियों ने जो राय दी हैं, वे सभी नीतिशास्त्र के अनुकूल हैं। मेरे विचार से इस स्थिति में हमको दोहरी नीति अपनानी चाहिए—अर्थात् शत्रु से ऊपरी तौर पर तो मित्रता रखनी चाहिए और भीतर-भीतर उसके छिद्र खोजते रहना चाहिए। फिर अवसर पाते ही उसको समाप्त कर देना चाहिए। तुमको शत्रु की कमजोरियों की जानकारी होगी, तभी तो उसको नष्ट कर सकोगे।''

मेघवर्ण ने कहा, ''तात, उसकी कमजोरी की तो बात ही दूर! मैं तो शत्रु के निवास-स्थान के

विषय में भी नहीं जानता।''

स्थिरजीवी बोला, ''तुम इसकी फिक्र मत करो। हमारे गुप्तचर उसके निवास-स्थान का ही नहीं, उसकी कमजोरियों का भी पता कर लेंगे।''

मेघवर्ण ने अचानक ही पूछा, ''तात, आखिर कौए और उल्लू के बीच सदा से यह प्राणांतक शत्रुता किस कारण चली आ रही है?''

स्थिरजीवी उसे इस विषय में प्राचीन कथा सुनाने लगा—

एक बार हंस, तोता, बगुला, कोयल, उल्लू, मोर, कबूतर, पपीहा आदि सभी पक्षी एकत्रित होकर विचार करने लगे कि हमारे राजा तो गरुड़ हैं। वे भगवान् विष्णु के परम भक्त हैं, फिर भी उनको हमारी समस्याएँ सुनने का समय ही नहीं मिलता। वे बहेलियों से हमारे प्राणों की रक्षा भी नहीं करते। अतः हमें किसी अन्य पक्षी को अपना राजा बनाना चाहिए; जो हमारा ध्यान रखे और संकट में हमारी रक्षा भी किया करे।

सबने सोच-विचारकर उल्लू को अपना राजा बनाने का निर्णय किया। फिर तो उलूकराज के राज्याभिषेक की जोर-शोर से तैयारी होने लगी।

महोत्सव मनाया जा रहा था कि उसी समय कौआ हँसी उड़ाता हुआ बोला, ''मोर, हंस, तोता, सारस आदि सुंदर और गुणी पक्षियों के रहते हुए भी इस दिन के अंधे और भयंकर शक्ल-सूरतवाले प्राणी को पक्षिराज क्यों बनाया जा रहा है? मैं तो कभी इसका समर्थन नहीं कर सकता। फिर गरुड़ जैसा समर्थ और प्रतापी राजा तो हम पक्षियों का है ही, जिसका नाम लेकर भी शत्रु से अपनी जान बचाई जा सकती है। महान् व्यक्ति का नाम लेने भर से कार्य सिद्ध हो जाता है; जैसे चंद्रमा का नाम लेने से ही खरगोशों का भला हो गया था।''

पक्षियों ने पूछा, ''ऐसा कैसे हुआ था?''

कौआ एक पुरानी कथा सुनाने लगा—

नाम का प्रभाव

किसी जंगल में हाथियों का एक विशाल झुंड रहता था। उस झुंड के राजा का नाम चतुर्दंत था। एक बार अनावृष्टि के कारण वन में सूखा पड़ गया। पानी की कमी से सभी जीव-जंतु व्याकुल हो उठे। हाथियों ने भी जाकर गजराज चतुर्दंत से गुहार की। हाथियों के अनुरोध पर चतुर्दंत उनको लेकर पानी की खोज में चल पड़ा। अंत में एक ऐसे सरोवर पर पहुँच गए, जो जल से लबालब भरा हुआ था।

उस सरोवर के आसपास की गीली मिट्टी में सैकड़ों छोटे-छोटे खरगोश बिल बनाकर रहते थे। हाथियों ने एक साथ सरोवर में पैठकर जलक्रीड़ा की। खूब नहाए। भरपेट पानी पिया। तब गए। उनके पाँवों के नीचे अनेक खरगोश तो कुचलकर मारे गए और बहुत से घायल हो गए।

तब सब खरगोशों ने मिलकर इस समस्या के निदान के लिए विचार-विमर्श किया। कुछ ने कहा—हमें यह स्थान छोड़कर तत्काल अन्यत्र चले जाना चाहिए। लेकिन अधिकतर खरगोशों ने इसका विरोध किया।

उनके पिता-पितामह इसी धरती पर रहते थे। अब अपनी धरती छोड़कर कहीं और कैसे चले जाएँ।

बहुत सोच-समझकर एक वृद्ध खरगोश ने कहा, ''अगर यहाँ से नहीं हटना चाहते तो हाथियों को भयभीत करके भगाने का कोई उपाय करना होगा। हमारे राजा विजयदत्त तो चंद्रमंडल में ही रहते हैं। उनके नाम से हाथियों को प्रभावित किया जाए तो बात बन सकती है।''

सबने बड़ी देर तक विचार करने के बाद अपने ही समूह के लंबकर्ण खरगोश को चुना। वह बड़ा ही समझदार और वाक्पटु था। खरगोशों ने उसे ही राजदूत बनाकर गजराज से बात करने के लिए भेजा।

लंबकर्ण जाकर उसी रास्ते में खड़ा हो गया, जिससे होकर हाथी सरोवर की ओर आते थे। ऊपर से हाथियों का दल दिखाई पड़ रहा था। लंबकर्ण उसी शिखर पर खड़ा होकर जोर से बोला, ''अरे दुष्टो, यह सरोवर तो चंद्रमा देवता का है। तुम यहाँ कैसे चले आए? यहाँ से शीघ्र ही भाग जाओ!''

चतुर्दंत ने चकित होकर पूछा, ''तू कौन है?''

लंबकर्ण ने कहा, ''हमारे स्वामी भगवान् चंद्रदेव ने मुझे दूत बनाकर तुम्हारे पास भेजा है। मैं चंद्रलोक में ही रहता हूँ। मेरा नाम लंबकर्ण है। भगवान् चंद्रदेव ने संदेश दिया है कि तुम मतवाले हाथियों ने इस सरोवर के समीप रहनेवाले हमारे कुटुंबी अनेक खरगोशों की हत्या कर दी है। यदि तुम अपनी जान बचाना चाहते हो, तो तत्काल यह क्षेत्र छोड़कर भाग जाओ और इस सरोवर पर तो किसी भी कारण से आने का साहस मत करना।''

गजराज चतुर्दंत ने सशंक होकर पूछा, ''भगवान् चंद्रदेव इस समय कहाँ हैं?''

खरगोश बोला, ''इस समय वे इस सरोवर में ही हैं। तुम्हारे दुष्ट हाथियों के अत्याचार से मृत और आहत खरगोशों के परिवारजनों को आश्वासन देने के लिए वे स्वयं यहाँ आए हैं।''

गजराज ने आग्रह किया, ''हमें भी उनके दर्शन करा दो।''

खरगोश बोला, ''यदि तुम अकेले ही मेरे साथ चलोगे तो मैं अवश्य भगवान् चंद्रदेव के दर्शन करवा दूँगा।'' और वह रात में गजराज को सरोवर के तट पर ले आया। पानी में चंद्रमा के प्रतिबिंब को दिखाकर वह बोला, ''चुपचाप दर्शन कर लो। भगवान् चंद्रदेव इस समय समाधि में लीन हैं। प्रणाम करके तुम तत्काल यहाँ से जल्दी ही भाग जाओ। यदि उनकी समाधि भंग हो गई तो वह क्रोध में आकर तुम सबको मार डालेंगे।''

हाथी ने चंद्रमा को प्रणाम किया और भय के मारे अपने परिवार को साथ लेकर रातोरात वहाँ से भाग गया।

□

कौआ बोला, ''इसलिए कहता हूँ कि महान् व्यक्ति का नाम ही बहुत होता है। वैसे भी नीच स्वभाव के किसी क्षुद्र प्राणी को कभी अपना राजा नहीं बनाना चाहिए। एक दुष्ट प्राणी को न्यायाधीश मानकर एक शशक और कपिंजल दोनों ने अपनी जान गँवा दी थी।''

पक्षियों ने पूछा, ''यह घटना कैसे हुई थी?''

कौआ बताने लगा—

दुष्ट का न्याय

बहुत पहले की बात है, जिस पेड़ पर मैं रहा करता था, उसी पर नीचे के एक कोटर में कपिंजल नाम का एक गौरैया पक्षी भी रहता था। हम दोनों आपस में वार्त्तालाप करते हुए सुखपूर्वक जीवन बिता रहे थे। एक दिन कपिंजल कुछ अन्य पक्षियों के साथ-साथ कहीं दूर धान के खेत में चारा चुगने चला गया। रात होने पर भी जब वह नहीं लौटा तो मुझे बड़ी चिंता हुई। कहीं जाल में फँसकर मारा तो नहीं गया।

बहुत दिन निकल गए। कपिंजल नहीं लौटा। एक दिन एक खरगोश आया और कपिंजलवाले कोटर में ही घर बनाकर रहने लगा। उस खरगोश का नाम शीघ्रग था। उसके बाद एक रोज कपिंजल भी लौट आया। वह खा-पीकर खूब तंदुरुस्त हो गया था। उसने खरगोश से कहा, ''तुम इस जगह को छोड़कर चले जाओ। यह घर तो मेरा है।''

खरगोश ने कहा, ''जानवरों और पक्षियों का घर तो वही होता है जहाँ वे बसेरा करते हैं। इस समय यहाँ मैं रहता हूँ, इसलिए यह घर मेरा है।''

दोनों आपस में बहस करने लगे।

जब कोई हल नहीं निकला तो कपिंजल ने कहा, ''चलो किसी धर्मपरायण व्यक्ति से इसका फैसला करा लेते हैं।''

वे दोनों चल पड़े। कौतूहलवश मैं भी उनके पीछे-पीछे चल पड़ा कि देखूँ, उनका क्या न्याय होता है।

थोड़ी दूर जाने पर नदी के किनारे उन्हें एक बिलाव बैठा दिखाई पड़ा। वह आँखें मूँदे, एक हाथ ऊपर उठाए, सूरज की ओर मुँह करके बड़ी धार्मिक बातें बोल रहा था, ''यह संसार असार है। जीवन नश्वर है। प्रियजनों से मिलना स्वप्न के समान होता है। इसलिए सदा धर्म के मार्ग पर ही चलना चाहिए।''

खरगोश उसका प्रवचन सुनकर प्रभावित हो गया। बोला, ''कपिंजल, यह तो बड़ा पुण्यात्मा मालूम होता है। चलो, इसीके पास चलकर निर्णय करवा लेते हैं।''

कपिंजल ने कहा, ''लेकिन यह तो हमारा जन्मजात शत्रु है। इससे दूर ही रहने में ही हमारा हित है।''

इसलिए उन दोनों ने दूर से ही बिलाव को प्रणाम करके कहा, ''हे महात्मा, हम दोनों में एक विवाद है। आप धर्म के अनुसार न्याय कर दें। हममें से जो अन्याय करनेवाला सिद्ध हो, उसको तुम मारकर खा लेना।''

बिलाव बोला, ''भद्र! मैंने तो हिंसा का मार्ग कब का छोड़ दिया है। अहिंसा ही अब मेरा परम धर्म है। इसलिए मैं किसीको मारकर नहीं खाऊँगा। हाँ, तुम्हारा निर्णय अवश्य कर दूँगा। मेरे समीप आकर अपनी-अपनी बात तो बताओ। वृद्ध होने के कारण उतनी दूर से तुम्हारी बात मुझे ठीक-ठीक सुनाई नहीं पड़ रही है।''

उसके मधुर वचन सुनकर कपिंजल और खरगोश को विश्वास हो गया कि बिलाव वास्तव में बड़ा ही धर्मात्मा है। इसलिए वे दोनों बिलाव के एकदम निकट जा बैठे।

बिलाव ने मौका पाते ही झपट्टा मारा और एक को पंजे से तथा दूसरे को मुँह में दबोचकर मार दिया।

□

कहानी सुनाकर कौआ बोला, ''इसीलिए मैं कह रहा हूँ कि तुम लोग नीच प्रवृत्ति के दुष्ट उल्लू

को अपना राजा बनाओगे तो एक दिन तुम्हारी भी वही हालत होगी, जो खरगोश और कपिंजल की हुई थी।''

कौए की बात सुनकर पक्षी बोले, ''भाई, बात तो इसकी ठीक ही लगती है। इसलिए आज छोड़ो, राजा बनाने की बात फिर कभी सोचेंगे।'' वे सब एक-एक करके समारोह से खिसक लिये और अपने-अपने घर चले गए।

उल्लू सिंहासन पर बैठा अपने राजतिलक की प्रतीक्षा कर रहा था। लेकिन जब उसे मंडप ही खाली होता दिखाई पड़ा तो उसने पूछा, ''मेरा राजतिलक क्यों नहीं किया जा रहा है? यह बाधा किसने डाली है?''

वहीं पर मौजूद कृकालिका बोली, ''तुम्हारे राजा बनने में कौए ने बाधा डाली है।''

उल्लू ने कौए से कहा, ''क्यों रे दुष्ट! तूने मुझे राजा क्यों नहीं बनने दिया? आज से तू जन्म-जन्मांतर के लिए मेरा शत्रु बन गया!''

यह कहकर उल्लू भी कृकालिका के साथ अपने घर चला गया।

कहानी समाप्त करके स्थिरजीवी ने कहा, ''बस महाराज, तभी से उल्लुओं और कौओं के बीच प्राणांतक वैर चला आ रहा है।''

काकराज मेघवर्ण ने पूछा, ''तो अब क्या करना चाहिए?''

वृद्ध मंत्री ने कहा, ''महाराज, संधि आदि छह उपायों से अलग एक उपाय और होता है। शत्रु को भ्रम में डालकर उसका अंत कर देना। बुद्धिमान व्यक्ति अपनी व्यवहार कुशलता से समर्थ बलशाली व्यक्ति को भी भ्रम में डालकर अपना कार्य सिद्ध कर सकता है। जैसे तीन धूर्तों ने ब्राह्मण को भरमाकर यज्ञ का बकरा उससे छीन ही लिया।''

मेघवर्ण ने पूछा, ''वह कैसे?''

वृद्ध मंत्री ने बताया—

तीन ठग तथा ब्राह्मण

किसी प्रदेश में मित्रशर्मा नाम का एक ब्राह्मण रहता था। वह बड़ा योग्य था और नियमपूर्वक यज्ञ-हवन आदि करता रहता था। एक बार माघ के माह में वह पास के गाँव में गया। उसने अपने यजमान से कहा, ''मुझे यज्ञ करने के लिए एक स्वस्थ बकरा चाहिए।''

यजमान ने उसको एक स्वस्थ बकरा लाकर दे दिया। हृष्ट-पुष्ट बकरा बड़ा चंचल था। बार-बार इधर-उधर भागता था, इसलिए ब्राह्मण उसे अपने कंधे पर उठाकर चलने लगा।

रास्ते में उसे देखकर तीन ठगों ने उससे बकरा छीनने के लिए एक युक्ति सोची। उनमें से एक ठग सीधा-सादा देहाती बनकर उसके पास आया और उसे आश्चर्य से देखता हुआ बोला, ''अरे अग्निहोत्रीजी!

आपको यह क्या हो गया है? आप जैसा पवित्र आचरणवाला आदमी और यह हाल! भला इस कुत्ते को कंधे पर लादे-लादे कहाँ घूम रहे हैं?''

मित्रशर्मा ने नाराज होकर कहा, ''लगता है, तुम्हें दिखाई कम देता है, जो बकरे को कुत्ता कह रहे हो!''

ठग ने कहा, ''आप नाराज क्यों होते हैं, महाराज? जैसी आपकी इच्छा, वैसा कीजिए।''

थोड़ी दूर जाने पर दूसरा ठग मिला। उसने कहा, ''अरे विप्र देवता! इस मरे हुए बछड़े को कंधे पर लादे जा रहे हो?''

ब्राह्मण को फिर गुस्सा आ गया। वह उस ठग को भी अंधा कहकर दो बात सुनाने के बाद आगे बढ़ गया।

मित्रशर्मा थोड़ी ही दूर और गया था कि तीसरा ठग सामने से आ गया। वह भी ठिठककर 'छी-छी' करता हुआ बोला, ''तुम कैसे ब्राह्मण हो, महाराज, गधे को कंधे पर उठाए फिर रहे हो! लोग देखकर तुम्हारी हँसी उड़ाएँ, इसके पहले ही इससे छुटकारा पा लो!''

ब्राह्मण दुविधा में पड़ गया। भला तीन-तीन आदमी झूठ कैसे बोल सकते हैं? उसे लगा कि वह सचमुच ही कंधे पर किसी अपवित्र प्राणी को लादे हुए है। इसलिए उसने बकरे को कंधे से उतारकर वहीं छोड़ दिया और नहाने के लिए नदी की ओर चला गया।

तीनों ठगों की बन आई। उन्होंने बकरे को ले जाकर मजे से काटा और दावत उड़ाई।

□

यह कथा सुनाकर वृद्ध मंत्री ने कहा, ''दुर्बलों की संख्या यदि बहुत ज्यादा हो तो उनका भी विरोध करना उचित नहीं होता; जैसे अनेक चींटियों ने मिलकर एक भारी विषधर नाग को समाप्त कर दिया!''

मेघवर्ण ने पूछा, ''वह कैसे?''

स्थिरजीवी बताने लगा—

''एक बाँबी में अतिदर्प नामक भयानक काला नाग रहता था। एक दिन वह बाँबी के बड़े मार्ग को छोड़कर एक सँकरे छेद से बाहर निकलने की कोशिश करने लगा। इससे उसका बदन रगड़ खाकर घायल हो गया। उसके घावों पर अनगिनत चींटियाँ आ चिपटीं। दर्द से तड़पते नाग ने कुछ चींटियों को मार डाला और कितनों को ही घायल कर दिया; परंतु चींटियों की संख्या बढ़ती ही गई। अंततः उन्होंने नाग को मार ही डाला।

''इसीलिए मैं कहता हूँ कि एक साथ अनेक विरोधी नहीं बनाने चाहिए।'' थोड़ी देर बाद वृद्ध मंत्री फिर उल्लुओं से निपटने की बात पर आ गया। बोला, ''मैं तुम्हें अब इन शत्रुओं को नष्ट करने का एक विशेष उपाय बताता हूँ। ऐसा करो, तुम मुझे अपना शत्रु घोषित कर दो। मुझे खूब डाँटो-फटकारो। फिर मेरे ऊपर खून लपेटकर यहाँ से नीचे फेंक दो। जिससे शत्रु के अनुचरों को विश्वास हो जाए कि तुमने सचमुच मुझे मारकर निकाल दिया है। उसके बाद तुम अपने परिवार और बंधु-बांधवों के साथ यह वृक्ष छोड़कर दूर ऋष्यमूक पर्वत पर चले जाओ। तब मैं शत्रु की शरण में जाकर उनपर विश्वास जमा लूँगा और कुशलता के साथ उनका अपना बन जाऊँगा। वहीं रहता हुआ, उनके दुर्ग का सारा भेद जान लेने के बाद मैं मौका देखकर अंत में उन सबका वध तुम्हारे हाथों ही करवा दूँगा।''

इसके बाद मेघवर्ण से स्थिरजीवी ने बनावटी कलह करना शुरू कर दिया। मेघवर्ण के अनुचर उसे मारने के लिए दौड़े। किंतु मेघवर्ण ने उन्हें रोक दिया। बोला, ''मैं स्वयं इस राजद्रोही को दंड दूँगा। यह शत्रुओं से मिला हुआ है।'' कहकर उसने मंत्री पर चोंच से दिखावटी प्रहार भी किए। इसके बाद मेघवर्ण ने उसपर खून छिड़ककर उसे पेड़ से गिरा दिया।

इसके बाद मेघवर्ण पहले से निश्चित योजना के अनुसार, अपने परिवार और अनुचरों के साथ पर्वत पर रहने चला गया।

मेघवर्ण और स्थिरजीवी के बीच इस कलह का पूरा दृश्य उलूकराज अरिमर्दन की दूती कृकालिका ने देखा। उसने जाकर सारी बात उलूकराज को बताई। यह समाचार सुनते ही उलूकराज ने तुरंत कौओं के पेड़ पर धावा मारकर अपना अधिकार कर लिया। लेकिन वहाँ उसे एक भी कौआ नहीं दिखाई पड़ा।

थोड़ी देर में उलूकराज ने कराहने की आवाज सुनी। स्थिरजीवी कौए को नीचे घायल पड़ा देखकर वह पास पहुँचा। बोला, ''तेरी यह दशा किसने की?''

स्थिरजीवी ने कहा, ''मैं मेघवर्ण का मंत्री हूँ। मेघवर्ण और उसके साथियों ने ही मेरी यह दुर्गति की है।''

उल्लू ने पूछा, ''इसका कारण क्या है?''

स्थिरजीवी ने कराहते हुए बताया, ''मेघवर्ण अपनी जाति के मारे गए लोगों का बदला लेने के लिए आपके दुर्ग पर हमला करना चाहता था। मैंने उसे हमला करने से रोका। मैं उसे समझा रहा था कि ताकतवर से लड़ना नहीं चाहिए, उससे समझौता करना ही ठीक रहता है। इसी बात पर मेघवर्ण मुझसे नाराज हो गया। वह मुझे आपका पक्षपाती समझने लगा है। अब मैं आपकी शरण में हूँ। मैं ठीक होते ही स्वयं आपको साथ लेकर उस दुष्ट, घमंडी मेघवर्ण का नाश करवा दूँगा।''

यह सुनकर अरिमर्दन ने अपने मंत्रियों से सलाह ली। उसके भी पाँच मंत्री थे—रक्ताक्ष, क्रूराक्ष, दीप्ताक्ष, वक्रनास और प्राकारकर्ण।

सबसे पहले रक्ताक्ष ने कहा, ''इसको क्षमा न करके तत्काल मार डालना चाहिए। जो प्रीति एक बार टूट जाती है वह दोबारा कभी आगे नहीं बढ़ती।''

अरिमर्दन ने पूछा—''वह कैसे?''

रक्ताक्ष कथा सुनाने लगा—

नाग देवता की स्वर्णमुद्रा

एक गाँव में हरिशर्मा नामक एक ब्राह्मण था। एक दिन भीषण गरमी से व्याकुल होकर हरिशर्मा अपने खेत पर चला गया और पेड़ की ठंडी छाया में सो गया। अचानक उसकी आँख खुली तो देखा—खेत में बाँबी पर एक भारी काला नाग फन ताने बैठा है। हरिशर्मा ने उसे अपना क्षेत्रीय देवता समझा। उसने सोचा, नाग देवता की पूजा करने पर मेरे खेतों में भी खूब अच्छी फसल होने लगेगी। वह नाग को पिलाने के लिए दूध ले आया और उसकी बाँबी के पास रख दिया। उसने प्रार्थना की, ''हे नाग देवता, अब तक मुझे आपका पता ही नहीं था, इसलिए आपकी पूजा-अर्चना नहीं कर सका।''

पूजा करके वह शाम को अपने घर चला गया। दूसरे दिन प्रातःकाल वह खेत पर आया। जिस बरतन में वह नाग के लिए दूध रख गया था, उसमें एक स्वर्णमुद्रा पड़ी मिली। हरिशर्मा बहुत खुश हुआ और स्वर्णमुद्रा उठाकर घर चला गया।

फिर तो वह प्रतिदिन शाम को नाग देवता के पीने के लिए वहाँ दूध रख जाता और सवेरे उसे एक स्वर्णमुद्रा मिल जाती।

एक दिन हरिशर्मा को काम से कहीं बाहर जाना था। नाग देवता के लिए दूध रखने का काम वह अपने बेटे को सौंप गया। लड़का शाम को जाकर बाँबी के पास दूध रख आया।

दूसरे दिन सवेरे लड़का खेत पर गया तो उसे भी वहीं पड़ी हुई स्वर्णमुद्रा मिली। उसने सोचा, हो न हो, इस नाग की बाँबी में स्वर्णमुद्राएँ भरी पड़ी हैं; तो इस साँप को मारकर सारा धन एक साथ ही क्यों न निकाल लिया जाए। यह ठानकर लड़के ने शाम को दूध रखते समय ही नाग पर लाठी चला दी। लेकिन साँप बच गया और उसने तड़पकर लड़के को डस लिया। तब विष से लड़का तुरंत ही मर गया।

ब्राह्मण बाहर से लौटकर गाँव आया तो सारा हाल सुनने को मिला। उसने कहा, ''इसमें नाग देवता का क्या दोष! अपराध तो मेरे मूर्ख लोभी पुत्र का ही था। जो व्यक्ति शरण में आनेवाले पर अनुग्रह नहीं करता, उसका नाश वैसे ही हो जाता है जैसे हंसों के उड़ जाने पर पद्मसर नष्ट हो गया था।''

लोगों ने पूछा, ''यह पद्मसर के हंसों की क्या कहानी है?''

हरिशर्मा सुनाने लगा—

शरणागत की उपेक्षा का फल

चित्ररथ नामक एक पराक्रमी राजा था। उसके राज्य में एक बड़ा सुंदर सरोवर था—पद्मसर। सरोवर की रक्षा के लिए अनेक वीर सैनिक नियुक्त थे; क्योंकि उसमें बहुत से स्वर्णहंस रहते थे। वे हंस छठे महीने

सोने का एक पंख गिरा देते थे।

एक बार उसी सरोवर में एक बहुत बड़ा स्वर्णपक्षी आ गया। हंसों ने उसे देखकर कहा, ''तुम हमारे बीच नहीं रह सकते। यहाँ से चले जाओ। इस सरोवर में रहने के लिए हम लोग छठे महीने सोने का एक पंख देते हैं।''

लेकिन स्वर्णपक्षी नहीं माना। फिर तो पद्मसरोवर के निवासी स्वर्णहंसों और परदेश से आए उस स्वर्णपक्षी में गहरा वाद-विवाद छिड़ गया। स्वर्णपक्षी ने जाकर राजा से शिकायत की, ''आपके पद्मसरोवर में ये हंस किसी और प्राणी को रहने ही नहीं देते। उनको तो आपका भी भय नहीं। कहते हैं, राजा हमारा क्या कर लेगा।''

यह सुनकर राजा को बहुत क्रोध आया। उसने सैनिकों को आज्ञा दी, ''अभी जाओ और उन हंसों को मारकर यहाँ ले आओ।''

राजा के अनुचरों को शस्त्र लेकर आते देखकर एक वृद्ध स्वर्णहंस ने कहा, ''अब हमारी भलाई इसीमें है कि हम सब एक साथ उड़कर किसी और सरोवर में चले जाएँ।''

उनके चले जाने पर पद्मसर की शोभा ही नष्ट हो गई।

□

बहुत सोचने के बाद हरिशर्मा साँझ होने पर फिर दूध का पात्र लेकर नाग देवता की बाँबी पर पहुँचा और ऊँचे स्वर में प्रार्थना करने लगा।

लेकिन नाग फिर बाहर नहीं आया। वह बाँबी के भीतर से ही बोला, ''तू पुत्रशोक भूलकर लोभवश मेरे पास आया है। अब तेरी और मेरी प्रीत नहीं चल सकती। न मैं लाठी की चोट भूल सकूँगा, न तू अपने बेटे की मृत्यु के शोक से उबरेगा।'' फिर भी नाग ने ब्राह्मण को एक बहुमूल्य हीरा दिया और कहा, ''फिर कभी यहाँ मत आना।''

□

यह कथा सुनाने के बाद मंत्री रक्ताक्ष ने अरिमर्दन से कहा, ''इसे भी मार देने पर आपके राज्य के लिए कोई आशंका नहीं रहेगी, महाराज!''

उलूकराज ने दूसरे मंत्री क्रूराक्ष से पूछा।

क्रूराक्ष ने कहा, ''मेरी राय में तो शरणागत को मारना घोर निर्ममता होगी। हमने तो सुना है कि एक कबूतर ने अपनी शरण में आए हुए वैरी की रक्षा तो की ही, उसकी भूख मिटाने के लिए अपनी जान तक दे दी थी।''

अरिमर्दन ने पूछा, ''यह क्या कथा है?''

क्रूराक्ष सुनाने लगा—

बलिदानी कपोत

किसी जंगल में एक बड़ा ही क्रूर बहेलिया घूमा करता था। पशु-पक्षियों के लिए तो वह काल ही था। कोई भी न उसका मित्र था, न लगे-सगे। वह हमेशा जाल, डंडा और पिंजरा लिये जंगल में घूमता फिरता था। एक रोज उसने एक कबूतरी को पकड़कर अपने पिंजरे में बंद कर लिया। इतने में जंगल पर घटाटोप-सा छा गया। भयंकर आँधी आई, साथ ही मूसलाधार बारिश होने लगी। बहेलिया त्रस्त होकर काँपता हुआ एक वृक्ष के नीचे दुबककर बैठ गया और कातर स्वर में बोला, ''जो भी यहाँ रहता हो, मैं उसकी शरण में हूँ!''

उसी वृक्ष पर अपनी पत्नी के साथ एक कबूतर रहता था। उसकी प्रिया कबूतरी अब तक नहीं लौटी थी। कदाचित् वह आँधी-पानी में फँसकर मारी गई। कबूतर उसके वियोग में विलाप कर रहा था। बहेलिए के पिंजरे में फँसी कबूतरी वही थी। उसने पति का विलाप सुना तो बहुत प्रसन्न हुई—उसका प्रियतम उससे इतना प्रेम करता है!

बहेलिए की पुकार सुनकर पिंजरे में बंद कबूतरी ने कबूतर से कहा, ''इस समय यह बहेलिया तुम्हारी शरण में आया है। तुम अतिथि समझकर इसका सत्कार करो। इसने मुझे ही पिंजरे में बंद कर रखा है, इस बात पर भी इससे घृणा मत करो।''

कबूतर ने बहेलिए से पूछा, ''भाई, मैं तुम्हारी क्या सेवा करूँ?''

बहेलिए ने काँपते हुए कहा, ''मुझे इस समय बहुत ठंड लग रही है। ठंड दूर करने का कुछ उपाय करो।''

कबूतर कहीं से एक जलती लकड़ी ले आया। उससे सूखे पत्तों को जलाकर वह बहेलिए से बोला, ''इस आग से अपनी ठंड दूर करो। मैं तो प्रकृति से मिली चीजें खाकर ही अपनी भूख मिटा लेता हूँ; लेकिन तुम्हारी भूख मिटाने के लिए क्या करूँ, यह समझ में नहीं आ रहा है। इस शरीर को धारण करने से क्या लाभ, जो घर आए अतिथि के काम न आ सके!''

इस प्रकार कबूतर अपनी बुराई स्वयं ही करता रहा। किंतु उसने कबूतरी को पकड़ने के लिए बहेलिए की निंदा नहीं की।

थोड़ी देर में उसने बहेलिए से कहा, ''अब मैं तुम्हारी भूख मिटाने का भी इंतजाम करता हूँ।'' इतना कहकर कबूतर थोड़ी देर आग के चारों ओर मँडराया और सहसा आग में कूद पड़ा।

बहेलिया यह देखकर स्तंभित रह गया—यह छोटा-सा कबूतर कितना महान् है! मुझे अपना मांस खिलाने के लिए यह स्वयं आग में कूद पड़ा।

बहेलिए को अपने हीन जीवन पर बड़ी ग्लानि हुई। कबूतर के बलिदान एवं उदार स्वभाव से वह बहुत प्रभावित हुआ। पश्चात्ताप के आँसू बहाते हुए बहेलिए ने अपना जाल और डंडा फेंक दिया। उसने पिंजरे में बंद कबूतरी को भी मुक्त कर दिया।

कबूतरी आग में जलकर मरे अपने प्रियतम के पास बैठकर विलाप करने लगी। वियोग न सह पाने के कारण वह भी आग में कूद गई।

आग में कूदते ही कबूतरी दिव्य शरीरवाली युवती बन गई। वह दिव्य वस्त्राभूषणों से शोभित थी। उसने देखा, उसका प्रियतम कबूतर भी आकाश में एक भव्य विमान में बैठा है। इस प्रकार उन दोनों को दिव्य शरीर प्राप्त हो गया और वे आनंदपूर्वक स्वर्ग में रहने लगे।

□

शरणागत की रक्षा का यह वृत्तांत सुनने के बाद उलूकराज अरिमर्दन ने अपने दीप्ताक्ष नामक तीसरे मंत्री से राय माँगी।

उसने कहा, ''राजन्! इसे मारना तो नहीं चाहिए।''

तब अरिमर्दन ने चौथे मंत्री वक्रनास से भी पूछा।

उसने कहा, ''राजन्, इसे मारना नहीं चाहिए। आपस में विवाद करनेवाले शत्रु भी समय आने पर अपने काम आ सकते हैं; जैसे एक चोर ने तो ब्राह्मण के प्राण बचा दिए और राक्षस ने दोनों बैलों की रक्षा कर दी!''

अरिमर्दन ने पूछा, ''वह कैसे?''

वक्रनास ने बताया—

चोर और ब्रह्मराक्षस

किसी गाँव में एक गरीब ब्राह्मण रहता था। उसका नाम द्रोण था। दान से ही उसकी आजीविका चलती थी। एक बार किसी यजमान ने उसे दान में दो बछड़े दे दिए। ब्राह्मण बड़े जतन से खिला-पिलाकर

उन बछड़ों का पालन करने लगा। कुछ ही समय में बछड़े खूब तंदुरुस्त होकर पूरी कद-काठी के बैल तैयार हो गए।

तब एक चोर की नजर द्रोण के इन बछड़ों पर पड़ी। वह ललचा उठा और एक रात रस्सी लेकर बैलों को चुराने के लिए द्रोण के घर की ओर चल पड़ा। रास्ते में एक भयानक व्यक्ति दिखाई दिया—नुकीले दाँत, ऊँची नाक, लाल-लाल आँखोंवाला, सिर पर अंगारे जैसे लाल-लाल बालोंवाला दैत्याकार शरीर था उसका। उसको देखकर चोर बहुत आतंकित हो उठा। उसने पूछा, ''आप कौन हैं?''

उस व्यक्ति ने गरजकर कहा, ''मैं ब्रह्मराक्षस हूँ। मेरा नाम सत्यवचन है!'' फिर उसने चोर से उसका परिचय पूछा।

चोर ने अपना परिचय देते हुए बता दिया, ''मैं द्रोण के बछड़े चुराने जा रहा हूँ।''

तब ब्रह्मराक्षस ने कहा, ''यह तो अच्छा ही रहा। आज मैं भी ब्राह्मण द्रोण का भोजन करने की सोचकर उसीके यहाँ जा रहा हूँ। चलो, हम दोनों का कार्य एक-सा ही है।''

ब्राह्मण द्रोण जब खा-पीकर सो गया तो ब्रह्मराक्षस उसे मारकर खाने के लिए उसकी ओर बढ़ा।

लेकिन चोर ने उसे रोकते हुए कहा, ''पहले मैं बछड़ों को बाँधकर ले जाऊँ, तब तुम ब्राह्मण को खा लेना।''

ब्रह्मराक्षस ने कहा, ''लेकिन कहीं बछड़ों की आहट से द्रोण जाग गया तो मेरा काम बिगड़ जाएगा, इसलिए मैं उसे खाने लगूँ, तब तुम बैलों को हाँक ले जाना।''

चोर ने कहा, ''तुम्हारे खाने के पहले ही अगर कोई गड़बड़ हो गई तो मैं बछड़ों को नहीं चुरा पाऊँगा।''

इस प्रकार दोनों में विवाद शुरू हो गया। वे दोनों ही ज़ोर-जोर से बोलने लगे, ''पहले मैं...''

''नहीं, पहले मैं!''

कोलाहल सुनकर ब्राह्मण जागकर उठ बैठा।

उसे बैठा देखते ही चोर चिल्लाकर बोला, ''ब्राह्मण, यह राक्षस तुझे खाना चाहता है।''

ब्रह्मराक्षस ने भी कह दिया, ''और यह चोर तुम्हारे बैल चुराने आया है।''

ब्राह्मण सतर्क हो गया। पहले उसने अपने इष्टदेवता का ध्यान किया और मंत्र पढ़कर ब्रह्मराक्षस से अपनी रक्षा कर ली। फिर डंडा सँभाला और चोर को मार-मारकर भगा दिया। इस प्रकार कभी-कभी परस्पर द्वेष करनेवाले शत्रु भी मित्र बन जाते हैं।

□

यह सब सुनकर अरिमर्दन ने प्राकारकर्ण नामक अपने पाँचवें मंत्री से पूछा, ''और आपका मत क्या है?''

प्राकारकर्ण ने कहा, ''महाराज, इस कौए को कदापि नहीं मारना चाहिए, बल्कि हमें इसकी रक्षा करनी चाहिए। हो सकता है, हमारे इस प्रकार सोचने से आपस में ममत्व पैदा हो जाए और हमें सुख ही प्राप्त हो। जो लोग एक-दूसरे की गुप्त बातों को छिपाकर नहीं रखते, उन्हें परस्पर द्वेष करनेवाले दोनों साँपों की तरह मौत का सामना करना पड़ता है।''

अरिमर्दन ने पूछा, ''सो कैसे?''

प्राकारकर्ण बताने लगा—

राजकुमारी और सर्पों की कथा

राजा देवशक्ति का एक ही पुत्र था। उसके पेट में एक सर्प रहता था, इसी कारण राजपुत्र एकदम क्षीणकाय हो गया था। हरदम पीड़ित रहता। अनेक श्रेष्ठ वैद्यों से उसकी चिकित्सा कराई गई, फिर भी वह स्वस्थ नहीं हुआ। निराशा से खिन्न राजपुत्र एक दिन भवन छोड़कर चुपके से निकल पड़ा और घूमता-भटकता किसी दूसरे राज्य में आ पहुँचा। वह भिक्षा माँगकर पेट भर लेता और एक मंदिर में सो जाता।

उस राज्य के राजा का नाम बलि था। उसकी दो पुत्रियाँ थीं। दोनों युवती थीं। वे प्रतिदिन सुबह पिता को प्रणाम करतीं। प्रणाम करने के बाद उनमें से एक कहती, ''महाराज की जय हो, जिससे हम

सब सुखी रहें।''

दूसरी कहती, ''महाराज, आपको आपके कर्मों का फल अवश्य मिले।''

राजा बलि दूसरी बेटी के कटु वचन सुनकर बहुत क्रोधित होता था। एक दिन उसने मंत्रियों को आदेश दिया, ''कटु वचन बोलनेवाली मेरी इस पुत्री को किसी परदेसी से ब्याह दो, जिससे यह अपने कर्म का फल भुगते!''

मंत्रियों ने मंदिर में रहनेवाले उसी भिखारी राजकुमार के साथ उस राजकुमारी का विवाह कर दिया।

राजकुमारी संयोग से प्राप्त होनेवाले उस रोगी पति के कारण जरा भी दुखी नहीं हुई। वह प्रसन्नता के साथ पति की सेवा करती हुई वहाँ रहने लगी। फिर कुछ दिन बाद वह पति को साथ लेकर दूसरे राज्य में चली गई।

वहाँ उसने एक सरोवर के तट पर बसेरा बना लिया। एक दिन राजकुमारी अपने पति को घर की रखवाली के लिए छोड़कर स्वयं तेल, घी, नमक, चावल आदि लाने के लिए नगर में चली गई।

राजकुमार सिर जमीन पर ही टिकाकर सो गया। वह सो रहा था तो उसके पेट में रहनेवाला सर्प उसके मुख से बाहर निकलकर हवा खाने लगा। उस बीच पास ही की बाँबी में रहनेवाला साँप भी बिल से

बाहर निकल आया। उसने पेट में रहनेवाले साँप को झिड़कते हुए कहा, ''तू तो महादुष्ट है, जो इस सुंदर राजकुमार को इतने दिनों से पीड़ित कर रहा है।''

पेट में रहनेवाले साँप ने कहा, ''और तू कौन-सा बहुत भला है! अपनी तो देख, तूने अपनी बाँबी में सोने से भरे दो-दो कलश छिपा रखे हैं। कभी किसीको लेने देता है!''

बाँबीवाले सर्प ने कहा, ''क्या कोई इस उपाय को नहीं जानता कि राजकुमार को पुरानी राई की

काँजी पिलाई जाए तो तू तुरंत मर जाएगा?''

पेट में रहनेवाले साँप ने भी उसका भेद खोल दिया, ''तुम्हारी बाँबी में खौलता तेल या पानी डालकर तेरा वध किया जा सकता है!''

राजकुमारी लौट आई थी और वहीं छिपकर दोनों साँपों की बातें सुन रही थी। उसने दोनों के बताए हुए उपायों से उन दोनों का ही नाश कर दिया। पेटवाले साँप के मरते ही राजकुमार स्वस्थ हो गया। फिर बाँबी में से गड़े धन को निकालकर वह वापस अपने राज्य में चली गई और अपने स्वस्थ-सुंदर पति के साथ सुख से रहने लगी।

सच ही कहा गया है कि एक-दूसरे की बातों को छिपाकर रखना चाहिए, नहीं तो दोनों का नाश होता है।

□

सबकी मंत्रणा सुन लेने के बाद उलूकराज अरिमर्दन ने शरणागत की रक्षा करने का ही निर्णय किया। मंत्री रक्ताक्ष इसका विरोध कर रहा था। वह मन-ही-मन कह रहा था कि अपनी मंत्रणा देकर इन लोगों ने स्वामी के विनाश का ही उपाय किया है।

स्थिरजीवी कौए ने कहा, ''देव, मुझे तो आप अग्नि में झोंक दीजिए। मेरा मर जाना ही अच्छा है।''

रक्ताक्ष ने पूछा, ''तुम मरने के लिए क्यों इतना उत्सुक हो?''

कौआ बोला, ''आप सबके लिए ही! मेरे राजा मेघवर्ण ने अत्याचार किया है। मेरी यह दुर्दशा कर डाली। उससे बदला लेने के लिए मैं इस जीवन का अंत करके उल्लू जाति में जन्म लेना चाहता हूँ।''

यह सुनकर रक्ताक्ष ने कहा, ''तुम बड़े ही कुटिल हो और बातें बनाने में भी बड़े कुशल हो। उल्लू बन जाने के बाद भी तुम कौओं का सम्मान ही करोगे। संस्कारों से मुक्त हो पाना बड़ा कठिन काम है। जानते नहीं; एक चुहिया ने सूर्य, मेघ, वायु और पर्वत जैसे समर्थ पति स्वीकार नहीं किए; अपनी जाति के एक चूहे को ही पति चुना।''

मंत्रियों ने पूछा, ''यह कथा कैसी है?''

रक्ताक्ष बताने लगा—

महामुनि और चुहिया

महा तपस्वी याज्ञवल्क्य एक दिन गंगा में नहाने गए। नहाकर वह सूर्य की पूजा करने लगे। तभी देखा कि एक बाज ने झपट्टा मारकर किनारे पर घूमती एक चुहिया को पंजे में जकड़ लिया।

तपस्वी को चुहिया पर दया आ गई। उन्होंने बाज को पत्थर मारकर चुहिया को छुड़ा लिया। सहमी हुई चुहिया तपस्वी के चरणों में दुबककर बैठ गई।

तपस्वी को उसपर दया आ गई। उन्होंने सोचा कि चुहिया को लेकर कहाँ घूमता फिरूँगा! इसको कन्या बनाकर साथ लेकर चलता हूँ। तपस्वी ने अपने तप के प्रभाव से उसी समय चुहिया को एक सुकन्या का रूप दे दिया और उसे साथ लेकर अपने आश्रम पर आ गए।

तपस्वी की पत्नी ने पूछा, ''इसे कहाँ से ले आए?''

तपस्वी ने पूरी बात बता दी।

दोनों पुत्री की तरह कन्या का पालन-पोषण करने लगे।

कुछ ही समय में कन्या युवती हो गई तो पति-पत्नी को उसके विवाह की चिंता सताने लगी।

एक दिन तपस्वी ने पत्नी से कहा, ''मैं इस कन्या का विवाह भगवान् सूर्य से करने की सोच रहा हूँ।''

पत्नी बोली, ''यह तो बहुत अच्छा विचार है। कर दीजिए सूर्य से इसका विवाह।''

तपस्वी ने सोचा कि इस संबंध में लड़की से पूछ लेना भी उचित होगा। उन्होंने मंत्रों के द्वारा सूर्य भगवान् का आह्वान किया। भगवान् सूर्य के आने पर तपस्वी ने अपनी पुत्री से कहा, ''यह सारे संसार में प्रकाश करनेवाले भगवान् सूर्य हैं। क्या तुम इनसे विवाह करना स्वीकार करोगी?''

लड़की ने कहा, ''इनका स्वभाव तो बहुत गरम है। जो इनसे श्रेष्ठ हो, उसे बुलाइए।''

लड़की की बात सुनकर सूर्य ने सुझाव दिया, ''मुझसे श्रेष्ठ तो बादल है, जो मुझे भी ढक लेता है।''

तपस्वी ने मंत्र द्वारा बादल को बुलाया और अपनी पुत्री से पूछा, ''क्या तुम्हें यह बादल पसंद

है?''

लड़की ने कहा, ''यह तो काले रंग का और जड़ात्मा भी है। कोई इससे भी श्रेष्ठ वर हो तो बताइए।''

तब तपस्वी ने बादल से ही पूछा, ''तुमसे जो श्रेष्ठ हो, उसका नाम बताओ।''

बादल ने बताया, ''मुझसे श्रेष्ठ वायु देवता हैं, जो मुझे भी उड़ा ले जाते हैं।''

तपस्वी ने वायु देवता का आह्वान किया और उनके विषय में अपनी पुत्री से पूछा।

लड़की ने कहा, ''वायु है तो शक्तिशाली, पर चंचल बहुत है। यदि कोई इससे अच्छा हो तो उसे बुलाइए।''

तपस्वी ने वायु से पूछा, ''बताओ, तुमसे श्रेष्ठ कौन है?''

वायु ने कहा, ''मुझसे श्रेष्ठ तो पर्वत ही होता है। वह मेरी गति को भी रोक देता है।''

तपस्वी ने पर्वत का आह्वान किया। पर्वत के आने पर तपस्वी ने लड़की से उसके बारे में पूछा।

लड़की ने कह दिया, ''पर्वत तो बहुत कठोर और अचल है। किसी अन्य वर की खोज कीजिए।''

तपस्वी ने पर्वत से ही पूछा, ''पर्वतराज, तुम अपने से श्रेष्ठ किसे मानते हो?''

पर्वत ने कहा, ''चूहे मुझसे भी श्रेष्ठ होते हैं। वे मेरे शरीर में भी छेद कर देते हैं।''

तपस्वी ने मूषकनरेश का आह्वान किया और पुत्री से उसके बारे में पूछा। लड़की मूषकराज को अपनी जाति का जानकर बड़ी प्रसन्न हुई और तुरंत उससे विवाह करने को तैयार हो गई। बोली, ''पिताजी, आप मुझे फिर से चुहिया ही बना दीजिए, जिससे मैं इनसे विवाह करके आनंदपूर्वक रह सकूँ।''

तपस्वी ने उसे पुनः चुहिया बनाकर मूषकनरेश से उसका विवाह कर दिया।

□

रक्ताक्ष ने कहा, ''इसीलिए मैं कहता हूँ कि किसीका भी जाति-प्रेम बड़ी कठिनाई से छूटता है।''

लेकिन किसीने भी रक्ताक्ष के इस दृष्टांत पर ध्यान नहीं दिया। उलूकराज ने स्थिरजीवी कौए को शरण देने का निर्णय किया और उसे उठवाकर अपने किले में ले गया।

वृद्ध मंत्री स्थिरजीवी मन में सोच रहा था कि इनमें से रक्ताक्ष ही वास्तव में नीतिशास्त्र की सही बात समझता है, इसीलिए उसने मुझको मार डालने की सम्मति दी थी।

उलूकराज अरिमर्दन ने अनुचरों को आदेश दिया कि स्थिरजीवी के लिए उसके इच्छित स्थान पर रहने का प्रबंध कर दिया जाए।

स्थिरजीवी ने प्रार्थना की, ''मुझे तो किले के द्वार पर ही रहने की जगह देने की अनुकंपा करें। वहाँ रहकर मैं आपकी चरण-रज लेता रहूँगा।''

उसकी बात मान ली गई। वहाँ रहते हुए सुखपूर्वक खा-पीकर स्थिरजीवी मोर की भाँति हृष्ट-पुष्ट और शक्तिशाली हो गया।

रक्ताक्ष ने उसका यह बलवान स्वरूप देखा तो बोला, ''यह वास्तव में मंत्री है और आप सब जड़-

मूर्ख हैं। मेरे समेत यह मूर्खों की मंडली है। जैसे उस भूखे पक्षी को पकड़नेवाला चिड़ीमार तो मूर्ख था ही, राजा और मंत्री भी मूर्ख थे।''

दूसरों ने पूछा, ''किस पक्षी की बात कर रहे हो?''

रक्ताक्ष कथा सुनाने लगा—

मूर्ख मंडल

किसी पहाड़ी क्षेत्र में एक विशाल वृक्ष था। उसपर सिंधुक नाम के एक पक्षी का बसेरा था। उसकी बीट में सोना निकलता था।

एक दिन सिंधुक को पकड़ने की सोचकर एक व्याध वहाँ आ पहुँचा। उसके सामने ही सिंधुक पक्षी ने बीट किया। उसकी बीट में सोना देखकर व्याध चकित रह गया। उसने जीवन में ऐसा कोई पक्षी नहीं देखा था। पक्षी ने शिकारी को देख लिया था, फिर भी वह जड़ की भाँति अपनी जगह बैठा रहा। शिकारी ने उसे आसानी से जाल में फँसा लिया। घर लाकर उसने सिंधुक को एक पिंजरे में कैद कर दिया। फिर

उसने सोचा, यदि किसीको यह पता लग गया कि यह पक्षी सोना देता है, तो वह राजा से अवश्य बता देगा। तब राजा मुझसे इस पक्षी को अवश्य ही छीन लेगा। तो मैं स्वयं ही वहाँ जाकर इस पक्षी को राजा को उपहार में क्यों न दे दूँ।

यह सोचकर वह राजसभा में गया और राजा को वह पक्षी भेंट कर दिया।

राजा ने सोने की बीट करनेवाले पक्षी पाने पर प्रसन्न होकर आज्ञा दी, ''इस पक्षी को अच्छी तरह सँभालकर रखा जाए।''

तभी एक मंत्री ने कहा, ''महाराज, आप इस चिड़ीमार की बातों में न आइए। इस पक्षी को सँभालकर रखने से कोई लाभ नहीं होगा। कोई भी पक्षी बीट में सोना नहीं देता। इस पक्षी को तुरंत आजाद कर दिया जाए।''

राजा ने मंत्री की बात मान ली और सिंधुक पक्षी को आजाद करवा दिया।

तब उस पक्षी ने ही कहा था, ''पहले तो मैं ही मूर्ख था कि अपने आप इस बहेलिए के जाल में फँस गया। फिर यह बहेलिया मूर्ख बना और अब इस राजा ने भी मूर्खता की है। यह मंत्री भी मूर्ख ही निकला। इस प्रकार सबके सब मूर्ख हैं।''

□

रक्ताक्ष से यह दृष्टांत सुनने के बाद भी किसीने उसकी बात पर ध्यान नहीं दिया।

स्थिरजीवी उलूकराज के यहाँ रहकर खूब हृष्ट-पुष्ट होने लगा।

अंत में रक्ताक्ष ने अपने संबंधियों को अलग बुलाकर कहा, ''मंत्री होने के नाते मुझे राजा को जो राय देनी चाहिए थी, मैंने दी; लेकिन यहाँ मेरी बात कोई नहीं मानता। इसलिए इस राज्य का विनाशकाल आया समझो! हमारा हित इसीमें है कि हम सब किसी दूसरे स्थान पर जाकर रहें। जो संकट से मुक्ति के लिए पहले से उपाय सोच लेता है, वही सुखी रहता है।''

''हमें तो उस दधिपुच्छ सियार की तरह चतुराई से काम लेना चाहिए, जिसकी माँद बोलती थी!''

''यह कैसी कहानी है?''

रक्ताक्ष बताने लगा—

बोलनेवाली माँद

किसी जंगल में खरनखर नामक एक सिंह रहता था। एक बार वह दिन-भर जंगल में भटकता रहा, किंतु आहार के लिए कोई जानवर नहीं मिला। हारकर साँझ होने पर वह एक गुफा में घुसकर बैठ गया कि रात में कोई जानवर इसमें आएगा ही। आज मैं उसे ही मारकर भूख शांत करूँगा।

उस गुफा का मालिक दधिपुच्छ नामक एक सियार था। वह रात में लौटकर गुफा पर आया तो उसने

गुफा के भीतर की ओर जाते हुए सिंह के पैरों के निशान देखे। उसने ध्यान से देखा तो लगा कि शेर के अंदर जाने के निशान तो धरती पर हैं, परंतु अंदर से बाहर आने के निशान नहीं हैं। वह तुरंत समझ गया कि मेरी गुफा में शेर छिपा बैठा है। चतुर सियार ने तुरंत युक्ति सोच ली। गुफा के भीतर न जाकर उसने द्वार पर से ही आवाज लगाई, ''अरी मेरी गुफा, हमारा-तुम्हारा तो समझौता है न कि जब मैं बाहर से आऊँगा तो तुम्हें आवाज दूँगा और तुम उत्तर देकर मुझे बुलाओगी, तभी मैं भीतर आऊँगा, नहीं तो किसी और माँद में चला जाऊँगा। फिर तुम बोलतीं क्यों नहीं?''

गुफा में बैठे सिंह ने सोचा—हो सकता है, गुफा रोज आवाज देकर सियार को बुलाती हो। आज यह शायद मेरे भय के कारण ही चुप है। इसलिए क्यों न मैं ही आवाज देकर इसे अंदर बुलाऊँ और पेटपूजा करूँ।

यह सोचकर सिंह ने अंदर से आवाज लगाकर उसे पुकारा—''आ जाओ!''

आवाज सुनते ही सियार सिंह का मर्म समझ गया और तुरंत वहाँ से भाग खड़ा हुआ।

□

यह दृष्टांत सुनकर रक्ताक्ष ने संबंधियों को अपने साथ चलने के लिए तैयार कर लिया। वे सब वह स्थान छोड़कर चले गए।

रक्ताक्ष के चले जाने से स्थिरजीवी बहुत खुश हुआ। उसने सोचा, इन सबमें रक्ताक्ष ही सबसे बुद्धिमान और दूरदर्शी मंत्री था। उसके चले जाने से अब मेरा रास्ता साफ हो गया है।

इस बीच उसने गुफा के द्वार पर अपना घोंसला बनाने के बहाने बहुत-सी सूखी लकड़ियाँ और तिनके आदि लाकर पूरा ढेर खड़ा कर लिया था।

पूरी तैयारी करके एक दिन सूरज निकलने पर, जब उल्लू अंधे हो जाते हैं, स्थिरजीवी तेजी से उड़कर पहाड़ी पर बसे अपने राजा मेघवर्ण के पास पहुँचा।

उसने कहा, ''राजन्, शत्रु के दुर्ग—उनकी गुफा के द्वार पर मैंने सूखी लकड़ियों और तिनकों का ढेर लगा दिया है। अब आप सेना सहित धावा मारें। अपने साथ एक जलती लकड़ी भी ले आएँ और वहाँ पड़ी

लकड़ियों में आग लगा दें। द्वार आग से रुँध जाएगा और गुफा में रहनेवाले उलूकवंश के हमारे सारे शत्रु अपने राजा सहित जल मरेंगे।''

मेघवर्ण ने तत्काल सेना लेकर धावा मारा और आग में जलकर उनके शत्रुओं का अंत हो गया।

वह फिर अपने उसी वृक्ष रूपी दुर्ग में जाकर अपने सहचरों और परिवार के साथ सुख से रहने लगा।

एक दिन अपनी राजसभा में मेघवर्ण ने स्थिरजीवी से पूछा, ''तात, अब तो बताओ, तुम हमारे शत्रुओं के बीच किस प्रकार रहे?''

स्थिरजीवी ने नीति की बातें बताते हुए कहा, ''मैं दुश्मनों के बीच बड़ी सावधानी से रहा। उलूकों में केवल एक मंत्री रक्ताक्ष बड़ा ही दूरदर्शी और बुद्धिमान था। बाकी मंत्री तो निरे मूर्ख और अज्ञानी थे। ऐसे दुश्मनों में समझदार प्राणी को तो सफलता मिल ही जाती है; क्योंकि बुद्धिमान व्यक्ति तो स्वार्थ सिद्ध करने के लिए शत्रु को अपने कंधे पर भी बैठा सकता है; जैसे एक साँप मेढकों को अपनी पीठ पर बैठाकर ढोया करता था।''

मेघवर्ण ने आग्रह किया, ''पूरी कथा सुनाओ!''

स्थिरजीवी सुनाने लगा—

स्वार्थसिद्धि

वरुणा के निकट ताल के किनारे एक साँप रहता था। उसका नाम था मंदविष। वृद्धावस्था के कारण उसे अब आहार के लिए शिकार करने में बड़ी कठिनाई होती थी। इसलिए वह ताल के एकदम कगार पर बैठा रहता। ताल में हजारों मेढक रहते थे।

एक मेढक ने उसे इस तरह बैठे देखकर दूर से ही पूछा, ''मामा, आजकल तुम एकदम सुस्त पड़े रहते हो। पहले की तरह आहार की खोज में कहीं आते-जाते तक नहीं।''

साँप ने उसाँस भरकर कहा, ''अरे भाई, मुझ अभागे को अब आहार क्यों मिलेगा! मेरी ही गलती है। एक रात मैंने एक मेढक पकड़ने की कोशिश की। वह उछलकर वेदपाठ करनेवाले ब्राह्मणों के समूह में घुस गया। वहीं तालाब के किनारे एक ब्राह्मण के पुत्र का अँगूठा मैंने मेढक समझकर डस लिया। ब्राह्मण का पुत्र तत्काल मर गया। बस, उसके पिता ने मुझे शाप दे दिया—'अरे दुष्ट! जा, आज से तू मेढकों का वाहन बनकर उनको अपनी पीठ पर ढोया करेगा और मेढकों की कृपा होगी, तभी तुझे भोजन मिलेगा'।'' यह कहानी सुनाकर साँप ने कहा, ''इसी कारण मैं मेढकों का वाहन बनने के लिए यहाँ आ बैठा।''

मेढक ने पानी में डुबकी लगा दी और जाकर अपने राजा जलपाद और दूसरे मेढकों को यह खबर सुनाई। तब मंडूकराज जलपाद और उसके मंत्री तुरंत साँप के पास आ पहुँचे। जलपाद तो उचककर मंदविष साँप की पीठ पर बैठ गया। दूसरे मेढक भी एक-एक करके उसपर सवार हो गए। उस दिन साँप ने तरह-

तरह की चाल दिखाकर मेढकों का खूब मनोरंजन किया।

अगले दिन साँप मेढकों को पीठ पर घुमाने तो चला, पर आज वह बहुत धीरे-धीरे चलने लगा। तब जलपाद ने उसकी धीमी गति का कारण पूछा।

मंदविष ने कहा, ''मुझे कई दिन से आहार नहीं मिला है। भूख के कारण मैं दुर्बल हो गया हूँ।''

तब जलपाद ने दया करके साँप को छोटे-छोटे मेढकों को खाने की आज्ञा दे दी।

फिर तो रोज ऐसा ही होने लगा। राजा जलपाद साँप की पीठ पर सवारी करने के लिए उसे रोज आहार देता रहा। मंदविष आराम से मेढकों को खा-खाकर ताकतवर हो गया।

एक दिन मंदविष सोचने लगा, अगर मैं इसी तरह मेढकों को खाता रहा तो थोड़े ही दिनों में ये समाप्त हो जाएँगे। उसके बाद मेरा क्या होगा?

इसी बीच एक बड़ा-सा काला साँप वहाँ आ गया। मेढकों का वाहन बने मंदविष को देखकर उसने आश्चर्य से कहा, ''अरे मित्र, यह क्या? जो तुम्हारा आहार है उसीको तुम पीठ पर चढ़ाए घूम रहे हो!''

मंदविष बोला, ''मैं यह सबकुछ जानबूझकर ही कर रहा हूँ। मेढकों का मांस बड़ा स्वादिष्ट लगता है न!''

मूर्ख जलपाद तब भी नहीं चेता।

इस प्रकार चतुराई से बुद्धिमान साँप अपना काम सिद्ध करता रहा।

□

कथा सुनाकर स्थिरजीवी बोला, ''उसीकी तरह मैंने भी बुद्धि से काम लिया और अवसर पाते ही शत्रुओं का नाश कर दिया।''

चतुर्थ तंत्र

लब्धप्रणाशम्

संकट के समय जो प्राणी घबराता नहीं और जिसकी बुद्धि ठीक रहती है, वही अपने काम को सिद्ध कर पाता है; जैसे अथाह पानी के बीच फँस जाने पर बंदर धैर्य के बल पर ही अपनी रक्षा कर पाया।

समुद्र के कगार पर जामुन का एक बहुत बड़ा पेड़ था। उसपर बहुत मीठे-मीठे फल लगते थे। उसी पेड़ पर एक बंदर रहता था। उसका नाम था—रक्तमुख।

एक बार करालमुख नामक एक मगरमच्छ पानी से निकलकर रेत पर आ बैठा।

रक्तमुख ने उसे अतिथि समझकर जामुन के फल खाने के लिए दिए। फिर तो मगरमच्छ प्रतिदिन वहाँ आता और बंदर मीठे-मीठे जामुन खिलाकर उसका सत्कार करता। साथ जामुन की छाया में बैठकर दोनों आपस में कथा-वार्त्ता भी किया करते। धीरे-धीरे दोनों में गहरी मित्रता हो गई। मगरमच्छ अब बंदर से भेंट में मिले मीठे-मीठे जामुन अपनी पत्नी के लिए भी ले जाने लगा।

एक दिन मगरमच्छ की पत्नी ने उससे कहा, ''तुम्हारा यह मित्र तो सदा ही यह अमृत के समान मीठे फल खाता होगा, इसलिए उसका हृदय भी बहुत मीठा होगा। तुम उसका कलेजा लाकर मुझे दो। मैं उसका स्वाद भी तो चखूँ।''

मगरमच्छ ने कहा, ''तुम कैसी बात करती हो! बंदर तो मेरे भाई जैसा है। मैं उसके साथ ऐसा व्यवहार नहीं करूँगा।''

लेकिन पत्नी ने जिद पकड़ ली और इसी बात को लेकर कलह करने लगी। हारकर मगरमच्छ उपाय सोचने लगा कि कैसे पत्नी की इच्छा पूरी करे।

अगले दिन वह बड़ी देर से पानी के बाहर आया। बंदर ने उससे देर से आने का कारण पूछा तो मगरमच्छ ने कहा, ''मेरी पत्नी मुझसे बहुत नाराज है। उसकी हार्दिक इच्छा है कि मैं तुमको अपने घर ले

चलूँ और मेरी पत्नी तुम जैसे मित्र का सत्कार करने को उत्सुक है।''

बंदर ने कहा, ''तो इसमें परेशानी की बात ही क्या है! हाँ, एक कठिनाई अवश्य है। तुम्हारा निवास तो पानी के अंदर है। मैं उसमें घुस नहीं सकता। इसलिए तुम मेरी भाभी को ही यहाँ ले आओ। मैं उनसे यहीं आशीर्वाद ले लूँगा।''

मगरमच्छ ने कहा, ''नहीं, मित्र, तुम चिंता मत करो। मैं तुमको अपनी पीठ पर बैठाकर अपने द्वीप तक ले चलूँगा।''

बंदर ने मगरमच्छ की बात मान ली। वह प्रसन्नता के साथ उसकी पीठ पर बैठ गया।

मगरमच्छ जब बीच समुद्र में पहुँचा तो उसने डुबकी मारी।

बंदर डर गया। उसने मगरमच्छ से कहा, ''भाई, यह क्या करते हो? मैं तो इस पानी में डूब जाऊँगा।''

मगरमच्छ ने कहा, ''अरे, इसीलिए तो मैं तुझे यहाँ ले आया हूँ। मेरी पत्नी तेरा मधुर और स्वादिष्ट हृदय खाना चाहती है।''

बंदर बड़ा ही चतुर और प्रत्युत्पन्नमति था। वह त्रस्त होने पर भी बड़े धैर्य के साथ बोला, ''भाई! तुमने यह बात मुझे पहले ही क्यों नहीं बताई? मैं तो अपना हृदय जामुन के पेड़ पर ही छोड़ आया हूँ। पहले

बता देते तो साथ ही ले आता।''

मगरमच्छ ने कहा, ''भाई, मैं क्या करूँ? मेरी पत्नी ने एकदम जिद पकड़ रखी है। उस दुष्ट स्त्री ने ऐसा कलह मचा रखा है कि जीना दूभर हो गया है। तुम मुझे अपना हृदय दे दो तो उससे जान बचे। चलो, मैं तुम्हें फिर जामुन के पेड़ के पास लिये चलता हूँ। तुम मुझे अपना हृदय दे देना।'' वह बंदर को पीठ पर चढ़ाकर फिर जामुन के पेड़ तक ले गया। तट पर पहुँचते ही बंदर कूदकर पेड़ पर चढ़ गया। कुछ देर बाद मगरमच्छ ने नीचे से पुकार लगाई, ''अरे मित्र, अपना हृदय तो दे दो! तुम्हारी भाभी कई दिनों से भूखी पड़ी है!''

बंदर ने कहा, ''अरे मूर्ख, धोखेबाज! तुझे धिक्कार है। कभी किसीके हृदय भी दो होते हैं! हृदय तो एक ही होता है, जो छाती में धड़कता रहता है। अब तू भाग जा यहाँ से और फिर कभी इधर मत आना। कहा गया है कि भूखा व्यक्ति कोई भी पाप कर सकता है। कमजोर व्यक्ति में करुणा नहीं होती।''

मगरमच्छ ने पूछा, ''ऐसा किस बात पर कहते हो?''

बंदर उसे एक कथा सुनाने लगा—

भूखे का भरोसा नहीं

एक कुएँ में मेढकों का राजा गंगदत्त रहता था। एक बार अपने प्रियजनों के उत्पात से अत्यंत दुखी होकर वह कुएँ में लटकी रस्सी के सहारे बाहर आ गया। वह अपने दुष्ट संबंधियों से इतना पीड़ित था कि उनसे बदला लेने की सोचने लगा। तभी उसे एक बिल में जाता काला साँप दिखाई पड़ा। गंगदत्त ने ठान ली कि इस काले साँप को कुएँ में ले जाकर उन दुष्टों का अंत करा देना ही ठीक रहेगा।

बस, गंगदत्त बिल के द्वार पर जाकर साँप को पुकारने लगा।

साँप ने सोचा, न जाने कौन है? इसलिए उसने परिचय पूछा।

मेढक ने कहा, ''मैं मेढकों का राजा गंगदत्त हूँ। तुमसे मित्रता करना चाहता हूँ।''

साँप बोला, ''यह कैसी मित्रता! हम दोनों तो स्वभाव से ही एक-दूसरे के शत्रु हैं! हमारी-तुम्हारी मित्रता कैसे हो सकती है?''

गंगदत्त बोला, ''मैं अपने परिवारवालों से अपमान का बदला लेना चाहता हूँ। इसमें तुम्हीं मेरी सहायता कर सकते हो। मेरे परिवार के लोग एक कुएँ में रहते हैं।''

साँप ने कहा, ''भाई, मैं तो कुएँ में घुस नहीं सकता, इसलिए मैं वहाँ नहीं जाऊँगा।''

गंगदत्त बोला, ''मैं तुमको बिना तकलीफ के वहाँ तक पहुँचा दूँगा। वहाँ एक कोटर भी है। तुम उसीमें आराम से रहना। लेकिन वहाँ मैं जिन-जिन लोगों को कहूँ, तुम केवल उनको ही खाना, दूसरों को नहीं।''

साँप उसके साथ जाने के लिए राजी हो गया। गंगदत्त साँप को उसी रस्सी के सहारे कुएँ में ले गया। उसे कोटर में ठहराकर उसने अपने शत्रुओं की ओर इशारा कर दिया। साँप ने धीरे-धीरे गंगदत्त के सभी दुश्मनों को समाप्त कर दिया। उसके बाद साँप ने गंगदत्त से और आहार का प्रबंध करने के लिए कहा।

गंगदत्त बोला, ''अब तुम उसी रस्सी के सहारे कुएँ से बाहर निकल जाओ। मित्र होने के नाते तुमने मेरी जो सहायता की, उसके लिए आभारी हूँ।''

साँप ने क्षुब्ध होकर कहा, ''लेकिन मैं वापस जाकर उस बिल में कैसे रह सकता हूँ? उसमें तो अब और कोई रहने लगा होगा। अब तो मैं यहीं रहूँगा। मेरे भोजन के लिए तुम्हीं एक मेढक रोजाना दे दिया करो।''

गंगदत्त मन-ही-मन पछताने लगा कि इस शत्रु को क्यों कुएँ में लाया। लेकिन वह मजबूर था। साँप के लिए वह रोज एक मेढक का इंतजाम करने लगा। साँप उसके अतिरिक्त घात लगाकर दूसरे मेढकों को भी चुपचाप निगल जाता था। एक दिन तो साँप गंगदत्त के बेटे यमुनादत्त को ही खा गया। इससे गंगदत्त और उसकी पत्नी तड़प उठे। वे किसी तरह साँप से छुटकारा पाने का उपाय सोचने लगे। अंत में उन्होंने कुएँ को छोड़कर चले जाने की ही ठान ली।

उसने साँप से कहा, ''इस कुएँ में अब तो मेढक रहे ही नहीं, हमें अब तुम्हारे लिए किसी दूसरे कुएँ में जाकर यहाँ रहने के लिए मेढकों को लाना पड़ेगा।''

साँप इसके लिए मान गया।

गंगदत्त और मेढक लाने का वचन देकर कुएँ से बाहर निकल गया। साँप ने बहुत दिनों तक प्रतीक्षा की, परंतु गंगदत्त नहीं लौटा तो नहीं ही लौटा।

तब साँप ने पास में ही दूसरे कोटर में रहनेवाली गोह से कहा, ''तुम जाकर गंगदत्त को मेरा संदेश दो और उसे यहाँ बुलाकर लाओ।''

गोह उसको खोजती हुई उसके पास पहुँची। बोली, ''बेचारा साँप तुम्हारे बिना रह नहीं पाता। चलो, वह तुम्हारी प्रतीक्षा में बैठा है।'' लेकिन गंगदत्त फिर उसके पास नहीं गया। बोला, ''अरे, भूखा प्राणी

कौन-सा पाप नहीं कर सकता! वह करुणा करना क्या जाने! जाकर उससे कह देना कि गंगदत्त अब फिर उस कुएँ में नहीं आने का।''

□

यह कथा सुनाकर बंदर ने मगरमच्छ से कहा, ''अब मैं भी तुम्हारी चाल में आने वाला नहीं हूँ।''

फिर भी मगरमच्छ बोला, ''मेरे ऊपर यह जो विश्वासघात का कलंक लग गया, वह तभी मिट सकता है जब तुम मेरे साथ मेरे घर चलो। नहीं चलोगे तो मैं खाना-पीना छोड़कर यहीं प्राण त्याग दूँगा।''

बंदर खीजकर बोला, ''अरे मूर्ख, मुझे क्या तूने लंबकर्ण गधा समझा है, जो तेरी चाल में आकर वहाँ अपना नाश करवाने के लिए चल दूँगा।''

मगरमच्छ ने पूछा, ''यह लंबकर्ण कौन था?''

बंदर बताने लगा—

गर्दभ बिना कान-हृदय का

किसी जंगल में एक सिंह रहता था। उसका नाम करालकेशर था। धूसरक नाम का एक सियार उसका सेवक था। एक बार सिंह की एक हाथी से लड़ाई हो गई। सिंह बुरी तरह जख्मी हो गया। वह चलने-फिरने और शिकार करने में असमर्थ हो गया। आहार न मिलने से सियार भी भूख से व्याकुल था। करालकेशर ने सियार से कहा, ''धूसरक, तुम आसपास जाकर किसी पशु को खोज लाओ, जिसे मारकर पेट भर सकें।''

सियार जानवर की खोज में भटकता हुआ एक गाँव में जा पहुँचा। वहाँ उसने लंबकर्ण नामक एक गधे को घास चरते देखा। सियार पास जाकर गधे से बोला, ''मामा, प्रणाम! आज तो बहुत दिनों बाद आपके दर्शन हुए हैं। आप इतने दुबले कैसे हो गए?''

गधा बोला, ''अरे भाई, कुछ मत पूछो। मेरा स्वामी जो धोबी है न, वह बड़ा कठोर है। पेटभर चारा नहीं देता। यह धूल से सनी घास खाकर पेट पालता हूँ।''

सियार ने कहा, ''मामा, नदी के किनारे उधर एक बहुत बड़ा घास का मैदान है। आप चलकर वहीं मेरे साथ आनंद से रहिए।

लंबकर्ण ने कहा, ''भाई, मैं तो गाँव का गधा ठहरा। वहाँ जंगली जानवरों के बीच हमारा गुजारा नहीं।''

सियार बोला, ''मामा, वह बड़ी ही सुरक्षित जगह है। वहाँ किसीका कोई डर नहीं। तीन गधियाँ भी वहीं रहती हैं। वे भी एक धोबी के अत्याचारों से तंग होकर भाग आई हैं। उनका कोई पति भी नहीं है। आप उनके योग्य हो! चाहो तो उन तीनों के पति भी बन सकते हो। चलो तो सही।''

सियार की बात सुनकर लंबकर्ण लालच में आ गया।

लंबकर्ण को लेकर धूर्त सियार वहीं पहुँचा, जहाँ सिंह छिपा बैठा था। सिंह ने पंजे से लंबकर्ण पर प्रहार भी किया; लेकिन गधे को चोट नहीं लगी और वह डरकर भाग खड़ा हुआ। तब सियार नाराज होकर करालकेशर सिंह को दुत्कारने लगा, ''तुम एकदम निकम्मे हो गए! जब तुम एक गधा नहीं मार सकते तो हाथी से क्या लड़ोगे?''

सिंह झेंपता हुआ बोला, ''मैं उस समय तैयार नहीं था, इसीलिए चूक हो गई।''

सियार ने कहा, ''अच्छा, अब तुम पूरी तरह तैयार होकर बैठो, मैं उसे दोबारा ले आता हूँ।''

वह फिर लंबकर्ण गधे के पास जा पहुँचा।

गधे ने सियार को देखते ही कहा, ''तुम तो मुझे मौत के मुँह में ही ले गए थे। न जाने वह कौन-सा जानवर था। मैं बड़ी मुश्किल से जान बचा पाया!''

सियार ने हँसते हुए कहा, ''अरे मामा, तुम उसे पहचान नहीं पाए। वह तो गर्दभी थी। उसने तो प्रेम से तुम्हारा स्वागत करने के लिए तुम्हारी ओर हाथ बढ़ाया था। तुम तो बिलकुल कायर निकले! और वह, बेचारी तुम्हारे वियोग में खाना-पीना भी छोड़कर बैठी है। तुम्हें तो उसने अपना पति मान लिया है। अगर तुम नहीं चलोगे तो वह प्राण त्याग देगी।''

लंबकर्ण एक बार फिर सियार की बातों में आ गया और फिर उसके साथ चल पड़ा।

इस बार करालकेशर नहीं चूका। उसने गधे को एक ही झपट्टे में मार गिराया।

भोजन करने से पहले सिंह स्नान करने के लिए चला गया।

इस बीच सियार ने लंबकर्ण के दोनों कानों के साथ-साथ उसका हृदय भी खा लिया।

सिंह स्नान करके लौटा तो देखते ही नाराज होकर बोला, ''ओ सियार के बच्चे! तूने मेरे आहार को जूठा क्यों किया? तूने इसके हृदय और कान क्यों खा लिये?''

धूर्त धूसरक ने गिड़गिड़ाते हुए कहा, ''महाराज, ऐसा मत सोचिए। मैंने तो कुछ भी नहीं खाया है। इस गधे के कान और हृदय थे ही नहीं। अगर इसके कान और हृदय होते तो क्या एक बार आपके प्रहार करने के बाद भी दोबारा मेरे साथ चला आता?''

सिंह को सियार की बात पर विश्वास आ गया। वह शांत होकर आहार में जुट गया।

□

मगरमच्छ को झिड़कते हुए उसने फिर से कहा, ''और तुम तो ऐसे भी मंदबुद्धि हो। इतना कष्ट उठाकर मुझे ले जाने के बाद तू दंभ में आकर राजा युधिष्ठिर की तरह सत्यवादी बनने चला था। जो मूर्ख स्वार्थ छोड़कर सत्यवादी बनता है, वह नकली युधिष्ठिर की तरह अपना काम बिगाड़ लेता है।''

मगरमच्छ ने पूछा, ''यह कृत्रिम युधिष्ठिर कौन था?''

बंदर बताने लगा—

नकली युधिष्ठिर

किसी नगर में एक कुम्हार रहता था। एक बार वह नशे की हालत में दौड़ते समय लड़खड़ाकर गिर पड़ा। उसके सिर पर घड़े के टूटे हुए टुकड़े से घाव हो गया। उसकी लापरवाही से घाव बढ़ता गया और महीनों बाद मुश्किल से ठीक हुआ। तभी वहाँ अकाल पड़ गया। इसलिए कुम्हार अपना नगर छोड़कर परदेश चल पड़ा। भटकता-भटकता एक दिन वह जीविका की आशा से राजदरबार में आ पहुँचा।

उसके माथे पर चोट का गहरा निशान देखकर राजा ने सोचा—यह अवश्य कोई बहादुर व्यक्ति है। इसके माथे पर इतना बड़ा घाव अवश्य वीरतापूर्वक सम्मुख-युद्ध करते समय ही लगा होगा। इसलिए राजा ने उसे अपनी सेना में पद दे दिया। इतना ही नहीं, राजा ने उसे अपना विशेष कृपापात्र बना लिया। उसे राजा से इतना मान-सम्मान पाते देख दूसरे राजदरबारी उससे चिढ़ने लगे।

एक बार राजा को युद्ध की तैयारी करनी पड़ी। जब सारे योद्धा लड़ाई के लिए तैयार हो रहे थे तो राजा ने असमंजस में पड़े उस कुम्हार से एकांत में पूछा, ''भद्र, तुम्हारा नाम क्या है? और तुम्हारे सिर पर यह घाव किस युद्ध में लगा था?''

कुम्हार ने कहा, ''महाराज, मेरे माथे पर घाव किसी युद्ध में अस्त्र-शस्त्र से नहीं, बल्कि एक बार नशे में मिट्टी के घड़े पर गिर जाने के कारण लग गया था। मैं कुम्हार हूँ। मेरा नाम युधिष्ठिर है।''

राजा को अपने किए पर बड़ी लज्जा आई। इसके कारण वह अपने कितने ही शूरवीर योद्धाओं की उपेक्षा करता रहा। राजा ने उसे सेना से निकाल दिया।

□

यह कथा सुनाकर बंदर ने मगरमच्छ से कहा, ''उसी युधिष्ठिर कुम्हार की तरह तूने भी अंत में मुझे सत्य बताकर अपना काम बिगाड़ लिया।''

मगरमच्छ लज्जित होकर भी बार-बार उसे साथ चलने को कहता रहा।

बंदर ने उसे फटकारते हुए कहा, ''तू तो अपनी पत्नी के वश में होकर मित्र से विश्वासघात करने पर तुल गया। तू ही क्या, स्त्री के फेर में तो वररुचि जैसा विद्वान् मंत्री और नंद जैसा प्रतापी राजा भी पड़ गए थे।''

मगरमच्छ ने राजा नंद और वररुचि की कथा सुनाने का आग्रह किया।

बंदर सुनाने लगा—

मुंडन का पर्व

परम शक्तिशाली, यशस्वी और समुद्र के उस पार तक पृथ्वी पर शासन करनेवाला नंद महाप्रतापी सम्राट् था। उसके मंत्री का नाम वररुचि था। वह सभी शास्त्रों का ज्ञाता और विचारक था। अपनी पत्नी को वह बहुत चाहता था।

एक बार किसी बात पर उसकी पत्नी से उसका कुछ झगड़ा हो गया। पत्नी उससे नाराज हो गई और अनशन करके प्राण देने पर तुल गई। उसके कलह से हारकर वररुचि ने उसे बहुत मनाया। पूछा, ''बताओ, मैं तुम्हारी प्रसन्नता के लिए क्या करूँ?''

पत्नी ने कहा, ''तुम अपना सिर मुँड़वाओ और मेरे चरणों में प्रणाम करो।''

वररुचि ने ऐसा ही किया। उसकी पत्नी प्रसन्न हो गई।

इसी प्रकार एक बार राजा नंद की पत्नी भी कोपकर कलह मचाने लगी। राजा भी अपनी पटरानी को बहुत प्यार करता था। इसलिए उसने घुटने टेककर पूछा, ''तुम्हें प्रसन्न करने के लिए मैं क्या करूँ?''

पत्नी बोली, ''तुम घोड़े की तरह अपने मुँह में लगाम लगा लो। फिर मैं तुमपर सवारी करूँगी। तब तुम घोड़े की तरह हिनहिनाना!''

राजा नंद ने विवश होकर पत्नी को प्रसन्न करने के लिए ऐसा ही किया।

अगले दिन राजसभा में नंद ने महामंत्री वररुचि को मुंडित केश देखकर पूछा, ''अरे महामंत्री, तुमने किस पर्व पर मुंडन करवा लिया?''

चतुर महामंत्री से क्या छिपा था। उसने कहा, ''महाराज, स्त्री की याचना पर तो लोग घोड़े की तरह हिनहिनाने भी लगते हैं। केश मुँड़ाना तो कुछ भी नहीं है।''

राजा लज्जित होकर चुप रह गया।

□

यह कहानी सुनाकर बंदर ने कहा, ''तू भी वररुचि और राजा नंद की तरह ही है, जो पत्नी की खुशी के लिए मेरे जैसे मित्र का भी वध करना चाहता था। लेकिन तेरी वाणी से ही मुझे सारा रहस्य मालूम हो गया। बाघ की खाल ओढ़े गधे को अपनी बोली के कारण ही जान गँवानी पड़ी थी!''

मगरमच्छ ने पूछा, ''वह कैसे?''

बंदर बताने लगा—

वाणी ने भेद खोला

किसी नगर में श्वेतपट नाम का एक धोबी रहता था। उसका गधा अच्छा चारा न मिलने की वजह से बहुत कमजोर हो गया था।

एक दिन श्वेतपट को जंगल में पड़ी बाघ की एक खाल मिल गई। उसने विचार किया कि रात में इस खाल को ओढ़ाकर गधे को नगर की सीमा पर खेतों में छोड़ दिया करूँगा। गाँववाले इसे बाघ समझकर डर के मारे इसके पास फटकेंगे भी नहीं। यह खेतों में पेटभर चरकर खूब मोटा-ताजा हो जाएगा।

एक रात गधा बाघ की खाल ओढ़े खेत में आनंद से चर रहा था कि दूर से किसी गधी का रेंकना सुनाई पड़ा। उसे सुनकर गधा पुलकित हो उठा और मौज में आकर स्वयं भी रेंकने लगा।

गधे की आवाज सुनते ही खेतों के रखवालों ने उसे घेर लिया और पीट-पीटकर जान से मार डाला।

□

यह कथा सुनाने के बाद बंदर ने मगरमच्छ से कहा, ''अब तू यहाँ से चला जा। मैं मूर्ख नहीं हूँ कि फिर तुझपर विश्वास करूँ।''

वे दोनों बातें कर ही रहे थे, तभी एक जलचर ने आकर मगरमच्छ को बताया कि उसकी पत्नी का देहांत हो गया है। जब से मगरमच्छ चला आया था, तभी से वह निराहार रह रही थी।

यह खबर पाकर मगरमच्छ बड़ा दुखी हुआ। बोला, ''मुझपर तो घोर विपत्ति आ टूटी। पत्नी के लिए तुम जैसा मित्र खो बैठा और अब पत्नी भी चल बसी।''

इसी समय एक और जलचर आकर मगरमच्छ से बोला, ''अरे, तू यहाँ अलसाया पड़ा है और वहाँ तेरे निवास पर दूसरे मगरमच्छ ने आक्रमण करके अधिकार जमा लिया है।''

मगरमच्छ इस समाचार से विकल हो उठा। बंदर से बोला, ''मित्र, मैं बड़ा ही अभागा हूँ। तुम्हारी मित्रता जाती रही, पत्नी चल बसी और अब किसी शक्तिशाली मगरमच्छ ने मेरे घर पर भी कब्जा कर लिया है। तुम्हीं कोई उपाय सुझाओ, मैं क्या करूँ?''

बंदर ने कहा, ''तू मूर्ख है! तुझे उपदेश देने से कोई लाभ नहीं। जो व्यक्ति बुद्धिमान व्यक्तियों की बात पर ध्यान नहीं देता, मूर्खता के कारण उसपर आचरण नहीं करता—उसका नाश होकर ही रहता है; जैसे घंटेवाले ऊँट का नाश हो गया था।''

मगरमच्छ ने पूछा, ''वह कैसे?''

बंदर बताने लगा—

घंटेवाले ऊँट की कथा

किसी नगर में एक बढ़ई रहता था। उसका नाम उज्ज्वलक था। वह कड़ी मेहनत करता, फिर भी निर्धन ही रहा। कहीं और जाकर भाग्य आजमाने की सोचकर वह परदेश के लिए चल पड़ा। रास्ते में घना जंगल पड़ता था। उसे पार करते समय बढ़ई को एक ऊँटनी प्रसव-पीड़ा से तड़पती दिखाई पड़ी। वह उस ऊँटनी को लेकर अपने घर लौट आया। ऊँटनी तथा उसके बच्चे के लिए वह हरे-हरे पत्ते लाता। उसकी देखभाल में, पेटभर चारा मिला तो कुछ ही समय में ऊँटनी और उसका बच्चा दोनों खूब हृष्ट-पुष्ट हो गए। बढ़ई ने ऊँटनी के उस बच्चे के गले में दुलार के मारे एक घंटा बाँध दिया।

अब वह बढ़ई ऊँटनी के दूध और उसके बच्चे बेचने का व्यापार करने लगा।

धंधा चलने लगा तो कुछ दिन बाद बढ़ई गुजरात जाकर वहाँ से व्यापार के लिए और ऊँटनी खरीद ले आया। उसके ऊँट पास के जंगल में चरने जाते और संध्या होने पर वापस आ जाते थे। जिस ऊँट के गले में घंटा बँधा था, वह प्राय: झुंड से अलग हो जाया करता था। उसके साथियों ने उसे कई बार समझाया भी; पर उसने अपनी आदत नहीं छोड़ी।

एक बार संध्या होने पर ऊँटों का झुंड घर आ रहा था, तब वह घंटाधारी ऊँट पीछे ही रह गया। वह जंगल में मस्ती से उछल-कूद करने लगा, इसलिए उसका घंटा जोर-जोर से बज रहा था। घंटे की आवाज सुनकर वहाँ एक सिंह आ पहुँचा। उसने ऊँट को दबोचकर मार गिराया।

□

कथा सुनाकर बंदर बोला, ''इसीलिए कहता हूँ कि हितैषियों और विद्वानों की बात न मानने पर घंटाधारी ऊँट की तरह नाश हो जाता है।''

मगरमच्छ गिड़गिड़ाने लगा, ''भाई, अब क्या कहूँ! मैं तो सर्वथा एक कृतघ्न व्यक्ति हूँ। फिर भी मुझे राय दो और बताओ, इस संकट की घड़ी में मैं क्या करूँ?

बंदर ने कहा, ''जाकर उस मगरमच्छ से युद्ध करो, जिसने तुम्हारे घर पर आक्रमण किया है। युद्ध में मरे तो स्वर्ग मिलेगा। यदि विजयी होकर जीवित रहे तो घर और यश मिलेगा। नीति तो यही है कि उत्तम प्राणी को विनम्रता से,

शक्तिशाली को भेदभाव से, नीच व्यक्ति को कुछ भेंट-उपहार देकर और समान बलवाले को पराक्रम से जीतना चाहिए; जैसे महाचतुरक सियार ने किया था।''

मगरमच्छ ने पूछा, ''सियार ने क्या किया था?''

बंदर ने बताया—

महाचतुरक-नीति

घने जंगल में एक बुद्धिमान सियार रहता था। उसका नाम महाचतुरक था। एक बार वह भूख का मारा भटक रहा था कि जंगल में मरा पड़ा एक हाथी मिल गया। वह ठमककर हाथी के चारों ओर चक्कर लगाने लगा। वह हाथी का मांस खाने को बेचैन था; लेकिन उसकी मोटी खाल को काट नहीं पा रहा था।

उसी समय सामने से एक शेर आ गया। शेर को देखकर सियार ने प्रणाम किया और नम्रता के साथ बोला, ''स्वामी, मैं आपके लिए ही बैठा इसकी रक्षा कर रहा हूँ। आप इसका भोजन कीजिए।''

शेर ने कहा, ''मैं दूसरों का मारा हुआ शिकार नहीं खाता। इस हाथी को तुम्हीं खाओ।''

सियार ने प्रसन्न होकर कहा, ''आप हमारे स्वामी हैं। यह तो आपकी अपने सेवक पर कृपा ही है।''

शेर वहाँ से चला गया।

तभी बाघ आता दिखाई पड़ा। उसको देखकर सियार ने सोचा, शेर को तो नम्रता से हटा दिया; लेकिन इसके साथ भेदनीति अपनानी पड़ेगी। यह सोचकर उसने बाघ से कहा, "मामाजी, आप यहाँ कैसे आ फँसे! इस हाथी का शिकार सिंह महाराज ने किया है। फिर इसे मेरी रखवाली में छोड़कर स्नान करने गए हैं। वह मुझसे कह गए हैं कि अगर कोई बाघ इधर आए तो मुझे फौरन बताना। पहले एक दुष्ट बाघ ने उनके शिकार को जूठा कर दिया था। तब से वह इतने नाराज हैं कि बाघ को देखते ही उसे जान से मार देते हैं।"

बाघ घबराकर वहाँ से तुरंत भाग निकला।

सियार संतोष की साँस भी न ले पाया था कि सूँघता-सूँघता एक चीता वहाँ आ पहुँचा।

सियार ने सोचा, इसे कुछ देकर अपने वश में किया जा सकता है। उसने चीते से कहा, "अरे भानजे, आज तो बहुत दिनों बाद तुम्हारे दर्शन हुए। लगता है, तुम्हें भूख लगी है। इस हाथी को सिंह ने मारा है। मुझको इसका रखवाला बनाकर वह स्नान करने गया है। इस समय तुम मेरे मेहमान हो। तुम चाहो तो शेर के आने से पहले अपनी भूख मिटा लो!"

सिंह का शिकार है, यह सुनकर पहले तो चीता डरा। उसने हाथी को खाने से साफ इनकार कर दिया। लेकिन सियार के आग्रह पर चीते ने हाथी की खाल चीर डाली। चतुर सियार ने देखा कि हाथी की मोटी खाल कट गई है तो उसने हड़बड़ाकर कहा, "भानजे, अब जल्दी से भाग जाओ! शेर आ रहा है!"

सुनते ही चीता छलाँग लगाकर भागा।

फिर तो सियार की बन आई। वह आनंद से हाथी का मांस खाने लगा। तब एक और सियार आ पहुँचा। पहले सियार ने सोचा, यह तो अपने बराबर का है। इसको अपने बल से ही समाप्त करता हूँ। वह पूरी ताकत से उसपर टूट पड़ा और उसे मारकर एक ओर डाल दिया।

□

यह दृष्टांत देकर बंदर ने मगरमच्छ से कहा, "तुम्हारा शत्रु भी तुम्हारी जाति का ही है। तुम्हारी बराबरी का है। जाकर उससे लड़ो और उसे समाप्त कर दो। अगर तुम ऐसा नहीं करोगे तो वह तुम्हारा विनाश कर देगा। जाकर अपने घर की रक्षा करो; क्योंकि विदेश से अपना देश हर हालत में ज्यादा अच्छा होता है। विदेश में तो अपनी जाति के लोग भी साथ नहीं देते!"

मगरमच्छ ने पूछा, "वह कैसे?"

बंदर बताने लगा—

सबसे भला निज देश

किसी गाँव में चित्रांग नाम का एक कुत्ता था। एक बार उस क्षेत्र में अकाल पड़ गया। चित्रांग भूख से व्याकुल होने लगा तो अपना गाँव छोड़कर दूर एक नगर में जा पहुँचा। वहाँ एक गृहिणी की आँख

बचाकर वह उसके घर में घुस गया और अनेक प्रकार के स्वादिष्ट व्यंजन खाकर चुपके से बाहर निकल आया।

फिर तो वह प्रतिदिन यही करने लगा। मुसीबत यह थी कि खूब खा-पीकर जब वह घर से निकलता तो गली के कुत्ते उसको घेरकर भौंकते हुए नोचने-खसोटने लगते। वह लहूलुहान हो जाता। गली के कुत्तों ने काट-काटकर उसका जीना दूभर कर दिया। आखिर तंग आकर चित्रांग ने सोचा, इससे तो अपना देश ही अच्छा था। वहाँ अकाल के कारण चाहे पेट मुश्किल से भरता रहा हो, फिर भी इस प्रकार रोज-रोज का बखेड़ा तो नहीं था। यह सोचकर वह वापस अपने गाँव आ गया।

उसके साथियों ने उसे परदेश से लौटा देखकर पूछा, "कहो, परदेश में कैसा हाल रहा?"

चित्रांग ने कहा, "विदेश में ऐसे तो बड़ा सुख था। पेटभर अच्छा खाना भी मिल जाता था; लेकिन वहाँ अपनी जाति के लोग ही चैन नहीं लेने देते थे।"

□

बंदर की बात मानकर मगरमच्छ अपने घर की ओर चल पड़ा। उसने आक्रमण करनेवाले मगरमच्छ से डटकर युद्ध किया और उसे परास्त करके अपने घर में आनंदपूर्वक रहने लगा। इसीलिए कहते हैं, लक्ष्मी सदा पुरुषार्थ से ही प्राप्त की जाती है। बूढ़ा बैल तो बेचारा भाग्य-भरोसे मिली घास चरकर ही गुजारा करता है।

पंचम तंत्र

अपरीक्षितकारकम्

नीति कहती है कि जिस काम को ठीक से देखा न गया हो, जिस काम का पूरा ज्ञान न हो, जिस बात को पूरी तरह सुना न हो और जिस काम की ठीक से परीक्षा न ली गई हो, मनुष्य को वैसा कार्य नहीं करना चाहिए। ऐसा ही एक काम करने पर एक नाई को दंड भुगतना पड़ा।

पाटलिपुत्र नगर में एक सेठ रहता था। उसका नाम मणिभद्र था। वह सदा धर्मानुसार आचरण करता था; फिर भी दुर्योग से वह बहुत गरीब हो गया। निर्धनता से दुखी होकर उसने खाना-पीना छोड़ दिया और प्राण त्यागने पर तुल गया। रात में उसे नींद आ गई तो उसको स्वप्न में पद्मनिधि ने जैन भिक्षु के रूप में दर्शन दिए। वह बोले, ''सेठ, तुम निराश मत होओ। तुम्हारे पूर्वजों ने जो धन कमाया था, मैं उसी का संचित रूप हूँ। कल प्रात: मैं इसी वेश में तुम्हारे घर आऊँगा। तुम मेरे सिर पर लाठी मारना। उस प्रहार से मैं सोने का ढेर बन जाऊँगा। तुम उस कोष से फिर धनी बन जाओगे।''

प्रात:काल सेठानी ने पति को स्नान करवाने के लिए एक नाई को बुलाया था। उसी समय एक जैन भिक्षु सेठ के घर आया। सेठ को सपने की बात याद आ गई। भिक्षु को देखकर वह बड़ा प्रसन्न हुआ। उसने उसके सिर पर जोर से लाठी मारी। लाठी लगते ही वह भिक्षु गिर पड़ा और उसकी जगह सोने का ढेर दिखाई पड़ा।

नाई भी यह देख रहा था। सेठ ने नाई को धन देकर कहा, ''तुमने जो कुछ यहाँ देखा है, यह सब किसीको बताना मत।''

नाई अपने घर चला आया। वह सोचने लगा, अगर सेठ की तरह वह भी किसी भिक्षु के सिर पर डंडा मारे तो वह भी सोने का हो जाएगा। यह सोचकर दूसरे दिन प्रात: वह भिक्षुओं के मठ में गया। विनम्रता से प्रणाम करने के बाद वह उनके गुण गाने लगा। फिर उसने वहाँ के प्रधान भिक्षु से आग्रह किया, ''भगवन्,

आज आप सभी भिक्षुओं के साथ मेरे घर भोजन करने पधारें।''

प्रधान भिक्षु ने कहा, ''हे श्रावक, हम ब्राह्मण तो नहीं हैं, जो तुम्हारे भोजन का निमंत्रण स्वीकार करें। हम तो यों ही भिक्षाटन करते हैं। गृहस्थों से जो भी मिल जाता है, वही जीवित रहने के लिए खा लेते हैं। जाओ! फिर कभी ऐसी बात मत कहना।''

नाई ने कहा, ''मैं आपकी बात अच्छी तरह समझता हूँ। फिर भी आपके भक्त आपको निमंत्रण देते ही हैं। मैंने अपने घर में धर्म-पुस्तकों को लपेटनेवाले कीमती कपड़े इकट्ठे कर रखे हैं। मेरे पास ग्रंथ लिखनेवाले विद्वानों को दक्षिणा देने के लिए भी काफी धन है। अब आप जैसा उचित समझें वैसा ही करें।''

यह कहकर नाई अपने घर लौट आया। उसने खैर की लकड़ी की एक मजबूत लाठी बना ली और उसे सँभालकर रख लिया।

अगले दिन वह जैन-विहार के द्वार पर पहुँचा। जब भिक्षु भिक्षाटन के लिए बाहर निकले तो नाई ने उनसे अपने घर चलने के लिए प्रार्थना की। भिक्षु नाई के पीछे-पीछे उसके घर की ओर चल दिए।

जब भिक्षु उसके घर के अंदर आ गए, तब नाई ने द्वार बंद करके लाठी उठाई और भिक्षुओं की खोपड़ियाँ फोड़नी शुरू कर दीं। कुछ भिक्षु तो अचेत होकर गिर पड़े और कुछ जोर-जोर से चीखने-चिल्लाने लगे।

शोर सुनकर राजपुरुष वहाँ आ पहुँचे। उन्होंने यह सारा दृश्य देखा। नाई को पकड़कर पूछने पर सारी घटना का पता चला। घायल भिक्षुओं और नाई को न्यायालय में बुलाया गया।

न्यायाधीश ने नाई से पूछा, ''तूने यह अपराध क्यों किया?''

नाई ने बताया, ''श्रीमान, मैंने तो सेठ मणिभद्र के घर जो देखा था, वही किया है।''

न्यायाधीश ने सेठ मणिभद्र को बुलवाकर पूछा, ''क्या तुमने किसी भिक्षु की हत्या की थी?''

सेठ ने अपने स्वप्न और उसके बाद की घटना का सारा हाल सुना दिया।

पूरी बात जानने के बाद न्यायाधीश ने नाई को सूली पर चढ़ाने का आदेश दे दिया और कहा, ''बिना अच्छी तरह देखे, बिना अच्छी तरह सुने, बिना अच्छी तरह समझे तथा बिना अच्छी तरह परीक्षा किए कोई काम करने से ऐसा ही फल भुगतना पड़ता है। पूरी बात सोचे-समझे बिना कोई काम करने पर मनुष्य को वैसे ही पछताना पड़ता है जैसे नेवले के मारने पर ब्राह्मणी को पछताना पड़ा।''

मणिभद्र ने पूछा, ''ब्राह्मणी की कथा क्या है?''

न्यायाधीश ने सुनाया—

बिना विचारे जो करे...

एक नगर में देवशर्मा नामक ब्राह्मण रहता था। उसके यहाँ जिस दिन पुत्र का जन्म हुआ, उसी दिन एक नेवली का भी बच्चा पैदा हुआ। बच्चे को जन्म देकर ही वह मर गई। ब्राह्मणी ने स्नेह के कारण अपने बेटे के साथ-साथ उस नवजात नेवले का भी पालन-पोषण करना शुरू कर दिया। किंतु उसके मन में सदा यह भय बना रहता कि अपने जातिगत दोष के कारण कभी नेवला उसके बेटे को काट-वाट न ले।

एक दिन ब्राह्मणी कुएँ से पानी भरने के लिए जाने लगी। उसका बेटा खाट पर सोया था। ब्राह्मणी पति से बोली, मैं पानी लाने कुएँ तक जा रही हूँ। तुम बेटे का ध्यान रखना।

लेकिन थोड़ी देर बाद ब्राह्मण भी भिक्षाटन के लिए घर छोड़कर चला गया।

उसी समय एक काला साँप निकल आया और बच्चे की ओर बढ़ा। नेवले ने बालक को

बचाने के लिए अपने सहजशत्रु साँप को टुकड़े-टुकड़े करके मार डाला।

ब्राह्मणी घर लौटी तो नेवले का मुँह खून से सना देखकर त्रस्त हो उठी। उसने सोचा, जरूर नेवले ने उसके बेटे को ही मार दिया है और उसीका खून इसके मुँह पर लगा है। आवेश में ब्राह्मणी ने भरा हुआ घड़ा ही नेवले के सिर पर दे मारा। नेवला तड़फड़ाकर मर गया। ब्राह्मणी दौड़ती हुई चारपाई के पास पहुँची तो बेटे को सकुशल सोता हुआ पाया। हाँ, पास ही मरे हुए साँप के टुकड़े पड़े हुए थे। अब ब्राह्मणी की समझ में आया कि नेवले ने तो साँप को मारकर उसके बेटे की जान बचाई थी। उसके मुँह पर साँप का ही खून लगा था। दु:ख से व्याकुल ब्राह्मणी छाती पीट-पीटकर रोने लगी।

तभी भिक्षा लेकर ब्राह्मण भी लौट आया।

घर का हाल देखकर वह बोला, ''यह क्या हो गया?''

ब्राह्मणी पति को कोसती हुई बोली, ''अरे लोभी! तुमने मेरी बात नहीं मानी, इसी कारण बेटे जैसे इस नेवले की जान चली गई। ज्यादा लालच नहीं करना चाहिए। अतिलोभी मनुष्य के सिर पर चक्र घूमता रहता है।''

ब्राह्मण ने पूछा, ''चक्र कैसा?''

ब्राह्मणी बताने लगी—

अतिलोभी के सिर पर चक्र

एक ब्राह्मण के चार बेटे थे। वे आपस में मित्रों की तरह रहते थे। निर्धनता के कारण वे बहुत दुखी थे। एक दिन उन्होंने सलाह की कि धन-संपत्ति के बिना समाज में कोई सम्मान नहीं होता। सारा जीवन ही व्यर्थ हो जाता है। इसलिए हमें कहीं बाहर जाकर धन कमाना चाहिए। निश्चय करके वे चारों घर से चल दिए।

चलते-चलते वे उज्जयिनी नगरी में पहुँच गए। उन्होंने शिप्रा नदी में स्नान किया और भगवान् महाकाल के दर्शन किए। वे दर्शन करके मंदिर के बाहर आ रहे थे तो भैरवानंद नामक एक योगी मिला।

चारों भाई उस योगी के साथ उसके मठ में गए। भैरवानंद ने उनसे पूछा, ''आप लोग कहाँ से आए हैं और कहाँ जाने का विचार है? आपकी यात्रा का प्रयोजन क्या है?''

उत्तर मिला, ''हम लोग धन कमाने के लिए घर से निकले हैं। हमने ठान लिया है कि या तो पर्याप्त धन कमाकर लौटेंगे या प्राण दे देंगे। आप हमें धन कमाने का कोई उपाय बताइए। इसके लिए चाहे हमें आकाश-पाताल एक करना पड़े, चाहे भूत-प्रेत या यक्षिणी सिद्ध करनी पड़े या मरघट में साधना—हम सबकुछ करने को तैयार हैं। हममें साहस की कमी नहीं। आप महान् सिद्ध पुरुष हैं। हमें कोई रास्ता सुझाइए।''

भैरवानंद ने कहा, ''मैं तुम्हें चार सिद्ध की हुई वर्तिकाएँ (बत्तियाँ) देता हूँ। उन्हें लेकर तुम हिमालय

पर्वत की तरफ़ जाओ। मार्ग में जिस स्थान पर कोई बत्ती गिर जाए, उस स्थान पर खोदकर अवश्य देखना। वहाँ तुम्हें धन मिलेगा। लेकर लौट आना।''

भैरवानंद से सिद्ध वर्तिकाएँ लेकर चारों भाई हिमालय की ओर चल पड़े। रास्ते में एक की वर्तिका गिर पड़ी। उसने खोदकर देखा तो वहाँ बहुत-सा ताँबा गड़ा दिखाई दिया। उसने कहा, ''जितना ताँबा चाहो लेकर लौट चलो।''

बाकी तीनों भाइयों ने कहा, ''हम भला ताँबे का क्या करेंगे! इससे हमारी दरिद्रता दूर नहीं होगी और आगे चलकर देखना चाहिए।''

लेकिन वह इन तीनों के साथ आगे नहीं गया और जितना उठा सकता था उतना ताँबा लेकर घर लौट गया।

उसके बाद शेष तीनों भाई आगे बढ़े। जो भाई सबसे आगे चल रहा था, उसकी वर्तिका एक जगह गिर पड़ी। उसने उस जगह खोदकर देखा तो चाँदी की खान दिखाई पड़ी। उसने भी दोनों भाइयों से कहा, ''अब आगे जाकर क्या करेंगे! मनचाही मात्रा में चाँदी लेकर घर लौट चलते हैं।''

लेकिन उसके दोनों भाइयों ने कहा, ''पहले ताँबा मिला था, फिर चाँदी मिली। इसके आगे अवश्य सोना मिलेगा। इसलिए और आगे चलना चाहिए।'' यह कहकर वे दोनों भाई आगे चल दिए। लेकिन जिसे चाँदी मिली थी, वह भरपूर चाँदी लेकर वहीं से घर लौट पड़ा।

बाकी दोनों भाई और आगे बढ़े। काफी दूर चलने के बाद उनमें से एक की वर्तिका गिर पड़ी। उसने

उस स्थान को खोदकर देखा तो वहाँ सोने की खान मिली। उसने दूसरे भाई से कहा, ''लो, अब तो काम बन गया। यहाँ से मनचाहा सोना लेकर हमें भी घर लौट चलना चाहिए। आगे चलकर अब करेंगे भी क्या!''

दूसरे ने कहा, ''तुम भी निरे मूर्ख हो! पहले ताँबा, फिर चाँदी और उसके बाद सोना निकला है; तो इसके बाद निश्चय ही रत्नों की खान मिलेगी। इसलिए मैं तो आगे जाऊँगा।''

जिस भाई को सोना मिला था, उसने कहा, ''ठीक है। तुम चाहते हो तो जाओ। मैं तो यहीं रहकर तुम्हारी प्रतीक्षा करूँगा।''

चौथा भाई अकेला ही आगे चल पड़ा। ग्रीष्म ऋतु थी। उस समय भयंकर गरमी पड़ रही थी। चलते-चलते उसे बहुत प्यास लगी। व्याकुल होकर वह सिद्धमार्ग से भटक गया। थोड़ी दूर और जाने पर उसने देखा, सामने एक व्यक्ति खून से लथपथ बैठा है और उसके सिर पर एक चक्र घूम रहा है। उसने पास जाकर पूछा, ''आप कौन हैं? और आपके सिर पर यह चक्र क्यों घूम रहा है? बड़ी प्यास लगी है। आसपास कहीं पानी हो तो बताओ।'' ब्राह्मणकुमार पूछ ही रहा था कि चक्र उस आदमी के सिर से हटकर सहसा ब्राह्मणकुमार के सिर पर आकर घूमने लगा।

ब्राह्मणकुमार ने घबराकर पूछा, ''यह क्या हुआ? तुम्हारे सिर से हटकर यह चक्र मेरे सिर पर कैसे आ गया?''

उस आदमी ने बताया कि उसके सिर पर भी इसी प्रकार यह चक्र आ गया था।

ब्राह्मणकुमार ने कहा, ''लेकिन यह हटेगा कब? यह चक्र तो भयंकर पीड़ा दे रहा है।''

उसने कहा, ''जिस तरह तुम मेरे पास आए, इसी तरह जब कोई लोभी व्यक्ति सिद्ध वर्तिका लेकर तुम्हारे पास आएगा और तुमसे चक्र के विषय में पूछेगा, तब यह तुम्हारे सिर से हटकर उसके सिर पर नाचने लगेगा।''

ब्राह्मणकुमार ने पस्त होकर पूछा, ''तुम्हें यहाँ बैठे कितना समय बीत गया?''

उस व्यक्ति ने पूछा, ''पहले यह बताओ कि इस समय पृथ्वी पर किसका राज है?''

ब्राह्मणकुमार ने कहा, ''आजकल तो वीणा के निपुण शिल्पी वत्सराज पृथ्वी पर शासन करते हैं।''

वह बोला, ''वर्षों की गिनती तो मैं नहीं कर

सकता, बस, यह समझ लो कि जब पृथ्वी पर राम का राज था, तब मैं सिद्ध वर्तिका लेकर अपनी दरिद्रता दूर करने के लिए यहाँ आया था। मैंने तब यही एक पुरुष के सिर पर चक्र घूमते देखा था। मैंने जैसे ही उससे कारण पूछा वैसे ही यह चक्र मेरे ऊपर आ गया।''

ब्राह्मणकुमार ने व्यथित होकर पूछा, ''मित्र, यहाँ खाने-पीने की क्या व्यवस्था होगी?''

उसने कहा, ''यहाँ खाने-पीने की कोई व्यवस्था नहीं है। चक्र के नीचे बैठे इसी प्रकार जीवन काटना पड़ेगा। धन के रक्षक यक्षराज कुबेर ने अतिलोभी व्यक्ति के लिए ही इस चक्र की व्यवस्था की है। यहाँ भूख-प्यास या जरा-मृत्यु का कोई भय नहीं; बस, इस चक्र की पीड़ा झेलनी पड़ती है।''

यह कहकर वह चला गया।

स्वर्ण-भंडार पर रुककर प्रतीक्षा करता ब्राह्मणपुत्र बहुत दिन बीत जाने पर अपने भाई की खोज करता हुआ पैरों के निशानों के सहारे वहाँ आ पहुँचा। उसने देखा कि उसके भाई के सिर पर एक चक्र घूम रहा है और वह खून से लथपथ पीड़ा सहता बैठा है।

सुवर्णसिद्धि ने पूछा, ''यह क्या हो गया? तुम चक्रधर कैसे बन गए?''

चक्रधर ने सारा वृत्तांत सुना दिया। बोला, ''सब भाग्य का चक्कर है।''

सुवर्णसिद्धि ने कहा, ''मैंने तुम्हें कितना समझाया था, भाई, लेकिन तुमने मेरी बात नहीं मानी। तुम कुलीन विद्वान् होकर भी बुद्धिहीन हो। बुद्धि विद्या से श्रेष्ठ होती है। विद्वान् व्यक्ति भी बुद्धिहीन होने के कारण उसी प्रकार नष्ट हो जाते हैं जिस तरह सिंह को जीवन देनेवाले ब्राह्मण नष्ट हो गए।''

चक्रधर ने पूछा, ''वह कैसे?''

सुवर्णसिद्धि बताने लगा—

विद्या बड़ी या बुद्धि?

किसी ब्राह्मण के चार पुत्र थे। उनमें परस्पर गहरा मित्रभाव था। चारों में से तीन तो शास्त्रों में पारंगत थे, लेकिन उनमें बुद्धि का अभाव था। चौथे ने शास्त्रों का अध्ययन तो नहीं किया था, लेकिन वह था बड़ा बुद्धिमान।

एक बार चारों भाइयों ने परदेश जाकर अपनी-अपनी विद्या के प्रभाव से धन अर्जित करने की सोची।

चारों पूर्व के देश की ओर चल पड़े। रास्ते में सबसे बड़े भाई ने कहा, ''हमारा चौथा भाई तो निरा अनपढ़ है। राजा सदा विद्वान् व्यक्ति का ही सत्कार करते हैं। केवल बुद्धि से तो कुछ मिलता नहीं। विद्या के बल पर हम जो धनोपार्जन करेंगे, उसमें से इसे कुछ नहीं देंगे। अच्छा तो यही है कि यह घर वापस चला जाए।''

दूसरे भाई का भी यही मत था; किंतु तीसरे भाई ने उनका विरोध किया। बोला, ''हम बचपन से ही एक साथ रहे हैं, इसलिए इसको अकेले छोड़ना उचित नहीं। अपनी कमाई का थोड़ा-थोड़ा भाग इसे भी दे

दिया करेंगे।''

अत: चौथा भाई सुबुद्धि भी उनके साथ लगा रहा।

रास्ते में एक घना जंगल पड़ा। वहाँ एक जगह हड्डियों का पंजर पड़ा था। उसे देखकर उन्होंने अपनी-अपनी विद्या की परीक्षा लेने का निश्चय किया।

उनमें से एक ने हड्डियों को सही ढंग से एक स्थान पर एकत्रित कर दिया। वास्तव में ये हड्डियाँ एक मरे हुए सिंह की थीं।

दूसरे ने बड़े कौशल से हड्डियों के पंजर पर मांस एवं त्वचा का आवरण चढ़ा दिया और उसमें रक्त का संचार भी कर दिया।

तीसरा उसमें प्राण डालकर उसे जीवित करने चला ही था कि चौथे भाई ने उसको रोकते हुए कहा, ''तुमने अपनी विद्या से यदि इसे जीवित कर दिया तो यह हम सभी को जान से मार देगा।''

तीसरे भाई ने कहा, ''तू तो मूर्ख है! मैं भी अपनी विद्या का प्रयोग अवश्य करूँगा और उसका फल भी देखूँगा।''

चौथे भाई ने कहा, ''तो फिर थोड़ी देर रुको। मैं इस पेड़ पर चढ़ जाऊँ, तब तुम अपनी विद्या का चमत्कार दिखाना।'' यह कहकर चौथा भाई पेड़ पर चढ़ गया।

तीसरे भाई ने अपनी विद्या के बल से जैसे ही प्राणों का संचार किया, सिंह तड़पकर उठा और उनपर टूट पड़ा। उसने पलक झपकते तीनों अभिमानी, बुद्धिहीन विद्वानों को मार डाला और गरजता हुआ चलता बना।

उसके दूर चले जाने पर चौथा भाई पेड़ से उतरकर विलाप करता हुआ घर लौट आया।

इसलिए कहा गया है कि विद्या से बुद्धि श्रेष्ठ होती है।

□

सुवर्णसिद्धि ने कहा, ''शास्त्रों में पारंगत होकर भी जो व्यक्ति लोक-व्यवहार नहीं जानता, संसार में

सदा उसकी हँसी उड़ाई जाती है।''

चक्रधर ने पूछा, ''वह कैसे?''

सुवर्णसिद्धि ने बताया—

मूढ़ पंडित

एक नगर में चार ब्राह्मण रहते थे। वे आपस में बड़े अच्छे मित्र थे। अध्ययन के लिए वे चारों कान्यकुब्ज नगर में गए। वहीं रहकर उन्होंने बड़े मनोयोग से बारह वर्ष तक विद्याध्ययन किया। उत्तीर्ण होने पर उन्होंने गुरु से आज्ञा ली और अपने-अपने ग्रंथों को लेकर घर के लिए चल पड़े।

एक जगह वे दोराहे पर पहुँचे तो ठमककर विचार करने लगे कि हमें किस मार्ग पर चलना चाहिए। वे सोच-विचार में उलझे ही थे कि उन्हें नगर से आते बहुत से आदमी दिखाई पड़े। वे लोग एक वणिकपुत्र की अरथी लेकर दाह-संस्कार के लिए श्मशान घाट जा रहे थे।

उन चारों ब्राह्मणों ने ग्रंथ देखना शुरू किया। एक स्थान पर लिखा था, 'जिस मार्ग से महाजन जाएँ, उसी मार्ग पर चलना चाहिए।'

शास्त्र का यह वचन पढ़कर वे चारों महाजनों के पीछे-पीछे शवयात्रा के साथ ही चल पड़े। श्मशान में पहुँचने पर उन्होंने पास ही खडा एक गधा दिखाई पड़ा। वे फिर ग्रंथ खोलकर देखने लगे। एक स्थान पर

लिखा था, 'आनंद के समय, संकटकाल में, अकाल पड़ने पर, शत्रुओं के आक्रमण करने पर, राजदरबार और मरघट में जो साथ रहता है, वही सच्चा बंधु होता है।' शास्त्र के इस वचन के अनुसार उन्होंने गधे को अपना भाई मान लिया और उसे बड़े प्रेम से नहलाया-धुलाया तथा उसे गले लगाया।

थोड़ी देर में उन्हें एक ऊँट जाता दिखाई पड़ा। वे फिर विचार करने लगे। तीसरे ब्राह्मण ने ग्रंथ खोलकर देखा। एक स्थान पर लिखा था, 'धर्म की गति तीव्र होती है।' उसने सोचा, यह तीव्र गतिवाला धर्म ही है।

चौथे ब्राह्मण ने कहा, ''अपने इष्ट को सदा धर्म से जोड़कर रखना चाहिए।'' यह सोचकर उन्होंने गधे को ऊँट की गरदन से बाँध दिया।

यह सूचना उस गधे के मालिक धोबी को मिली तो वह क्रोध में भरकर लाठी लिये हुए ब्राह्मणों को पीटने के लिए आ धमका; किंतु चारों पंडित उसे देखते ही भाग निकले।

वे चारों आगे बढ़े तो रास्ते में एक नदी मिली। नदी के पानी पर पलाश का एक पत्ता तैर रहा था। उनमें से एक पंडित ने पत्ते को देखकर कहा, ''यह तैरता हुआ पत्ता हमें नदी पार करा देगा।'' यह कहकर उसने नदी में बहते पत्ते पर छलाँग लगा दी।

वह पानी की तेज धारा में डूबने-उतराने लगा तो दूसरे पंडित ने उसकी चोटी पकड़ ली और कहा, ''शास्त्रों का कथन है कि सर्वस्व जा रहा हो तो पंडित आधे को त्याग कर आधे से ही अपना काम चलाते हैं। क्योंकि सर्वनाश सहन नहीं किया जा सकता।''

इस कथन के अनुसार दूसरे ब्राह्मण ने डूबते हुए ब्राह्मण का सिर काटकर 'आधा' बचा लिया।

शेष तीनों पंडित वहाँ से चलते-चलते एक गाँव में जा पहुँचे। ग्रामवासियों ने उन्हें विद्वान् समझकर तीनों को अलग-अलग घरों में भोजन पर आमंत्रित किया।

एक घर में ब्राह्मण को सेंवइयाँ परोसी गईं। उन्हें देखकर पंडित को शास्त्र का कथन याद आ गया—'दीर्घसूत्री व्यक्ति का नाश हो जाता है।' यह सोचकर लंबे-लंबे सूत्रोंवाली सेंवइयाँ छोड़कर भूखे पेट चला आया।

दूसरे ब्राह्मण के सामने रोटी परोसी गई। उसे भी शास्त्र का एक कथन याद आ गया—'बहुत विस्तारवाली वस्तु खाने से आयु कम हो जाती है।' इसलिए वह भी खाना छोड़कर उठ आया।

तीसरे घर में ब्राह्मण को 'बड़ा' परोसा गया। उसे भी शास्त्र का यह कथन याद आया—'जहाँ छेद होते हैं, वहाँ अनर्थ होता है।' डर के मारे वह भी भोजन छोड़कर उठ गया।

इस तरह उस दिन शास्त्रों के मारे तीनों पंडित भूखे ही अपने घर वापस आ गए। जो भी पंडितों का यह वृत्तांत सुनता, उनकी हँसी उड़ाता।

□

यह कथा सुनाकर सुवर्णसिद्धि ने कहा, ''तुम लोक-व्यवहार नहीं जानते, इसीलिए तुमने मेरा कहना नहीं माना और तुम्हारी यह दुर्गति हुई।''

सहसा चक्रधर बोल पड़ा, ''नहीं-नहीं, यह सब कुछ नहीं। यह सब भाग्य का चक्कर है। किस्मत खराब हो तो बड़ा बुद्धिमान व्यक्ति भी परेशानी में पड़ जाता है और भाग्य साथ दे तो अल्पबुद्धि भी सुखी रहता है; जैसे शतबुद्धि और सहस्रबुद्धि को तो मछुए पकड़कर ले गए, जबकि एकबुद्धि जल में आनंद से विहार करता रहा।''

सुवर्णसिद्धि ने पूछा, ''यह एकबुद्धि कौन था?''

चक्रधर कथा सुनाने लगा—

एकबुद्धि की कथा

एक जलाशय में दो मत्स्य रहते थे। उनमें से एक का नाम शतबुद्धि और दूसरे का नाम सहस्रबुद्धि था। उसी जलाशय में एकबुद्धि नामक एक मेढक भी रहता था।

एक दिन संध्या के समय तीनों बातें कर रहे थे। तभी उन्होंने देखा कि कुछ मछुए कहीं से मछलियाँ पकड़कर आ रहे थे। इस जलाशय को देखकर उन मछुओं ने फैसला किया कि अगले दिन आकर इसी जलाशय की मछलियों का शिकार करेंगे।

मछुओं की बातें सुनकर दोनों मत्स्य भयभीत हो गए। वे मेढक के साथ विचार करने लगे।

मेढक ने कहा, ''मछुओं की सारी बातें तो हम सुन ही चुके हैं। अब हमें यह सोचना है कि यहाँ रहें या किसी अन्य जलाशय में चले जाएँ। और यहाँ रहें तो इनसे जान कैसे बचाएँ?''

सहस्रबुद्धि ने हँसते हुए कहा, ''घबराओ मत, मित्रो! मात्र बातें सुनकर भयभीत नहीं होना चाहिए। पता नहीं, वे आते भी हैं या नहीं और अगर मछुए आ ही गए तो मैं जल में रहने की अनेक प्रकार की गति जानता हूँ। अपनी चतुराई और कौशल से मैं तुम्हारी रक्षा अवश्य करूँगा।''

शतबुद्धि ने भी कहा, ''आप ठीक कहते हैं। बुद्धिमान की बुद्धि के लिए सभी स्थान सुगम हैं। इसलिए हमें अपने पूर्वजों का यह घट छोड़कर कहीं और नहीं जाना चाहिए।''

उनकी बातें सुनकर एकबुद्धि मेढक बोला, ''भाइयो, मैं तो एकबुद्धि हूँ। आप दोनों के पास अनेक बुद्धियाँ हैं। लेकिन मेरी बुद्धि पलायन में ही लगी है। मैं तो अब यहाँ रहना ठीक नहीं समझता।''

अपने निश्चय के अनुसार एकबुद्धि मेढक रात में ही अपनी पत्नी के साथ निकलकर दूसरे जलाशय में चला गया।

दूसरे दिन प्रात:काल ही मछुओं ने आकर वहाँ की मछलियों, कछुओं, मेढकों और केकड़ों को पकड़ना शुरू किया।

शतबुद्धि और सहस्रबुद्धि ने अपने परिवार के साथ बुद्धि और चतुरता से बचने के लिए बहुत प्रयत्न किए; किंतु अंत में वे भी मछुओं के जाल में फँस ही गए।

मछलियों को पकड़कर मछुए अपने घर की ओर जा रहे थे तो भारी-भरकम सहस्रबुद्धि और शतबुद्धि को वे कंधे पर उठाए हुए थे।

नए जलाशय के किनारे बैठे एकबुद्धि मेढक ने अपनी पत्नी से कहा, ''शतबुद्धि और सहस्रबुद्धि की दुर्दशा देख रही हो! मैं एकबुद्धि सही, यहाँ पानी में आनंद से क्रीड़ा कर रहा हूँ।''

□

कथा सुनाकर चक्रधर ने कहा, ''बुद्धि मात्र से सारे काम पूरे नहीं हो जाते।''

सुवर्णसिद्धि ने कहा, ''कहते तो तुम ठीक ही हो, फिर भी समय पड़ने पर मित्र का कहना मान लेना चाहिए। तुम उस समय विद्या के अभिमान और लोभ के कारण नहीं माने और संकट में फँस गए। मित्र का कहना न मानने पर वही हाल होता है, जो सियार का कहना न मानने पर गधे का हुआ था।''

चक्रधर ने पूछा, ''वह कैसे?''

सुवर्णसिद्धि बताने लगा—

उद्धत गधे की कथा

गाँव के धोबी के गधे का नाम था—उद्धत। दिन-भर धोबी की लदानी ढोने के बाद वह रात को आज़ादी से घूमा करता था। सुबह होने पर मार खाने के डर से वह फिर धोबी के घर आ जाता था। इसी कारण धोबी उसे रात में बाँधता नहीं था।

एक बार उद्धत रात में खेतों में चर रहा था, तब एक सियार से भेंट हो गई। दोनों में मित्रता हो गई। गधा खूब मोटा-ताजा था, इसलिए वह खेत की बाड़ को तोड़ डालता था। तब दोनों खेत में पैठकर पेट भरक़र ककड़ी-फूट खाते। रात-भर चरने के बाद सवेरे वे अपने-अपने घर चले जाते थे।

एक रात दोनों एक खेत में घूम रहे थे। पेट भर जाने पर गधे ने सियार से कहा, ''भानजे, आज की रात कितनी निर्मल है! मेरा मन तो गाना गाने को कर रहा है। बताओ, कौन-सा राग अलापूँ?''

सियार ने सहमकर कहा, ''अरे मामा! क्यों बेकार में मुसीबत मोल ले रहे हो? यहाँ हम लोग

छिपकर चोरी करने आए हैं। इसलिए चुपचाप अपना काम करो। आपका स्वर भी तो भगवान् की कृपा से शंख की आवाज की भाँति गूँजता है। आपका अलाप सुनकर कहीं खेत के रखवाले जाग गए, तो फिर हम दोनों को मार ही डालेंगे। भलाई इसीमें है कि चुपचाप अमृत के समान मीठी ककड़ियों का आनंद लो।''

सियार की बात सुनकर गधे ने कहा, ''तुम तो निरे जंगली ही हो! तुम क्या जानो कि संगीत का आनंद क्या होता है!''

सियार ने कहा, ''मामा, तुम जोर-जोर से रेंकने को गीत समझते हो! अरे, ऐसा गाना गाने से तो हमारी हानि ही होगी।''

गधे ने सियार को झिड़कते हुए कहा, ''तुम जंगली ही नहीं, मूर्ख भी हो। अरे, मैं संगीत-शास्त्र का ज्ञाता हूँ। सुनो, संगीत में सात स्वर होते हैं। स्वरों के तीन ग्राम, इक्कीस मूर्छनाएँ, उनचास ताले, तीन मात्राएँ और तीन लय होते हैं।'' इस प्रकार संगीत-शास्त्र का बखान करता हुआ गधा बोला, 'भानजे, क्या तुम अब भी मुझे संगीत का ज्ञानी नहीं मानते?''

सियार उसकी जिद देखकर बेबसी के साथ बोला, ''ऐसा करो मामा, अगर तुम्हारी ऐसी ही इच्छा है तो मैं खेत के बाहर खड़ा हो जाता हूँ। मैं रखवाले पर निगाह रखूँगा और तुम खेत में खुलकर गा लेना।''

सियार के जाते ही गधा मौज में आकर जोर-जोर से रेंकने लगा।

खेत का रखवाला उसकी आवाज सुनकर जग गया और भागा-भागा आ धमका। पहले तो उसने डंडे से गधे की अच्छी तरह धुनाई की, फिर उसकी गरदन में छेदवाली ऊखल बाँधकर लटका दी।

गधा पिट-पिटाकर खेत से बाहर निकला, तो उसकी हालत देखकर सियार ने कहा, ''क्यों मामा, चख लिया संगीत का मजा तुमने? मेरे लाख मना करने पर भी तुम नहीं समझे और अपना गाना छेड़कर ही माने। आहा, तुम्हें कितना सुंदर पुरस्कार मिला है अपने गाने का! गरदन में कितनी अद्भुत मणि लटकाए आ रहे हो!''

□

यह कथा सुनाकर सुवर्णसिद्धि बोला, ''तुमने भी मेरा कहना नहीं माना। अब अपनी हालत देख लो!''

चक्रधर ने उसाँस भरकर कहा, ''तुम ठीक ही कहते हो, भाई। जिसके पास अपनी बुद्धि नहीं होती और जो मित्र की सलाह पर भी नहीं चलता, वह मंथरक नामक जुलाहे की तरह नष्ट हो जाता है।''

सुवर्णसिद्धि ने पूछा, ''मंथरक की क्या कहानी है?''

चक्रधर बताने लगा—

मूर्ख की सम्मति

एक नगर में मंथरक नाम का एक जुलाहा रहता था। एक बार उसका बुनाईवाला करघा टूट गया। नए यंत्र के लिए लकड़ी काटने वह कुल्हाड़ी लेकर जंगल में गया। वहाँ उसने शीशम का एक बहुत विशाल और मजबूत पेड़ देखा। इससे तो खूब मजबूत कई करघे बन जाएँगे, यह सोचकर जुलाहे ने शीशम को काटने के लिए कुल्हाड़ी उठाई।

तभी वृक्ष पर रहनेवाले एक यक्ष की आवाज़ सुनाई पड़ी, ''तुम यह पेड़ मत काटो, क्योंकि इसमें मेरा निवास है। मुझे इसपर शीतल समुद्री समीर का सुख मिलता है।''

जुलाहे ने कहा, ''आपको अपने ही सुख की पड़ी है और मेरे तो परिवार की रोजी-रोटी का प्रश्न है।

मुझे कपड़ा बुनने के लिए नया करघा बनवाना है। उसके लिए शीशम की लकड़ी चाहिए। अगर यह पेड़ नहीं काटूँगा तो मैं परिवार सहित भूखा मर जाऊँगा। आप यह पेड़ छोड़कर कहीं और चले जाइए।''

यक्ष ने कहा, ''मैं तुम्हारी जरूरत समझ रहा हूँ। अच्छा, तुम इस पेड़ को मत काटो, बदले में मुझसे अपने लिए कोई वर माँग लो।''

जुलाहे ने कुछ सोचकर कहा, ''मैं अपने मित्र और पत्नी से सलाह कर लूँ, फिर वर माँगूँगा।''

जुलाहा प्रसन्न होकर गाँव की ओर लौटा। रास्ते में ही उसका मित्र नाई मिल गया। जुलाहे ने उसे पूरी बात बताकर पूछा, ''तुम्हारी क्या राय है? मैं उससे क्या वरदान माँगूँ?''

नाई ने कहा, ''तुम तो यक्ष से अपने लिए राज्य माँग लो। तुम राजा बन जाना और मैं तुम्हारा महामंत्री बन जाऊँगा। फिर तो लोक और परलोक के सारे सुख और आनंद हमें मिलेंगे।''

जुलाहे ने कहा, ''मित्र, तुम्हारी बात भी ठीक है; किंतु मैं अपनी पत्नी की भी सलाह ले लूँ।''

पत्नी के पास पहुँचकर जुलाहा बोला, ''शीशम पर रहनेवाला यक्ष मुझपर प्रसन्न होकर एक वरदान देना चाहता है। बताओ, मैं उससे क्या माँगू? मेरे मित्र नाई ने तो राज्य माँगने का सुझाव दिया है।''

पत्नी ने कहा, ''स्वामी, तुम्हारा मित्र जरा भी बुद्धिमान नहीं है। उसकी बात पर ध्यान मत दो। राज्य मिल जाने पर अनेक कष्ट भोगने पड़ते हैं। राज्य के कारण ही तो राम को वन में जाना पड़ा था। राज्य की वजह से ही पांडवों को भी वन में रहना पड़ा। राज्य के लिए यदुवंशियों का सर्वनाश हो गया। इसलिए तुम राज्य की बात भूल जाओ। तुम रोज एक थान कपड़ा बना लेते हो। घर का खर्चा उसीसे चल जाता है। तुम तो यक्ष से बस, दो हाथ तथा एक और सिर माँग लो। ऐसा होने पर तुम रोज दो-दो थान तैयार कर लोगे। इस प्रकार हमारी आमदनी दोगुनी हो जाएगी।''

जुलाहे को अपनी पत्नी की राय भली लगी। उसने यक्ष के पास जाकर अपने शरीर के लिए दो और हाथ तथा एक और सिर माँग लिया।

यक्ष ने कहा, ''तथास्तु (ऐसा ही हो)।'' पलक झपकते जुलाहे के चार हाथ और दो सिर हो गए। वह प्रसन्न होकर घर की ओर चल पड़ा।

रास्ते में उसके चार हाथ और दो सिर देखकर लोग उसे राक्षस समझ बैठे। उन्होंने उसे घेरकर डंडों और पत्थरों से इतना मारा कि वह वहीं मर गया।

□

यह कथा सुनकर सुवर्णसिद्धि ने कहा, ''इसीलिए तो मैं कहता हूँ कि अगर अपने पास बुद्धि न हो तो मित्रों की सलाह ही मान लेनी चाहिए।''

चक्रधर ने कहा, ''ठीक ही कहते हैं। असंभव की आशा और अनागत की चिंता में डूबे रहनेवालों की दशा काल्पनिक सोमशर्मा के पिता जैसी होती है।''

सुवर्णसिद्धि ने पूछा, ''वह कौन था?''

चक्रधर ने बताया—

सपने का महल

एक नगर में एक ब्राह्मण रहता था। वह भीख माँगकर अपना और बच्चों का पेट भरता; किंतु स्वभाव से वह बड़ा ही कंजूस था। भिक्षा में उसको जो सत्तू मिलता था, उसीसे बचा-बचाकर उसने एक घड़ा भर लिया था। घड़े को उसने एक खूँटी पर टाँग दिया और उसीके नीचे वह चारपाई डालकर लेटा करता था।

एक बार घड़े को एकटक देखते-देखते वह कल्पना करने लगा कि अगर अकाल पड़ जाए, तो इस सत्तू को बेचकर पूरे सौ रुपए कमाए जा सकते हैं। उन सौ रुपयों से मैं दो बकरियाँ खरीद लूँगा। उन बकरियों के बहुत से बच्चे होंगे। उनको बेचकर मैं गाय खरीद लूँगा। फिर गायों को बेचकर घोड़ियाँ खरीद लूँगा। घोड़ियों से अनेक घोड़े पैदा होंगे। उनको बेचकर मैं बहुत-सा सोना अर्जित कर लूँगा। फिर उस धन से बड़ा-सा मकान बनवाऊँगा। मुझे धनवान् देखकर तो कोई भी ब्राह्मण मुझसे अपनी सुंदर कन्या का विवाह रचा देगा। मेरी उस पत्नी से मेरा जो पुत्र पैदा होगा, उसका नाम सोमशर्मा रखूँगा। जब वह घुटनों के बल चलने लगेगा, तब मैं घुड़साल के पीछे बैठकर आनंद से पुस्तक पढ़ा करूँगा। सोमशर्मा अपनी माँ की गोद से निकलकर घुटनों के बल मेरे पास आने का प्रयत्न करेगा। तब मैं नाराज होकर पत्नी को आज्ञा दूँगा, ''लड़के को गोद में उठाकर मेरे पास ले आओ।'' लेकिन पत्नी घर के काम-धंधों में लगी होने के कारण मेरी बात पर ध्यान नहीं देगी। तब मैं क्रोध में उसे एक लात जमा दूँगा।

यह सोचते ही ब्राह्मण ने कल्पना में ही पत्नी की ओर जोर से पाँव झटका। लात सीधी मटके पर जा लगी। मटका फूट गया और सारा सत्तू ब्राह्मण के ऊपर आ गिरा। वह उसमें सन-सा गया।

□

कथा सुनकर सुवर्णसिद्धि ने कहा, ''ठीक कहते हो, लोभवश लोग इसी प्रकार दुःख पाते हैं। जो व्यक्ति परिणाम पर बिना विचार किए जल्दबाजी में कोई काम करता है, उसे राजा चंद्र की तरह ही दुखी

होना पड़ता है।''

चक्रधर ने पूछा, ''वह कैसे?''

सुवर्णसिद्धि बताने लगा—

राक्षसी रत्नमाला

राजा चंद्र के पुत्रों को बंदर पालने का बहुत शौक था। वे राजभवन में ही पलनेवाले बंदरों के झुंड को एक से बढ़कर एक स्वादिष्ट भोजन, फल आदि देते रहते थे। बंदरों के इस दल का वृद्ध नायक नीतिशास्त्र का ज्ञाता था। वह स्वयं भी नीति पर चलता और अपने दल के बंदरों को भी नीति की बातें सिखाता-समझाता था।

राजा के यहाँ भेड़ों का भी एक रेवड़ था। मेढ़ों पर छोटे राजकुमार सवारी भी किया करते थे। भेड़ों की रेवड़ में एक तरुण मेढ़ा बड़ा ही चटोरा था। वह अपनी चंचलता के कारण मौका पाते ही रसोई में घुस जाता और जो भी व्यंजन सामने पड़ जाता, उसे चट कर जाता था। पाकशाला के कर्मचारी जब भी उसे देख लेते, गुस्से में लकड़ी, मिट्टी या धातु के बरतन—जो भी हाथ लग जाता उसे ही फेंककर मारते।

बंदरों का नायक यह देखकर मन-ही-मन व्याकुल हो उठता था। उसे लगता कि अगर ऐसे ही चलता रहा तो किसी दिन रसोई का कोई कर्मचारी मेढ़ पर जलती हुई लकड़ी फेंककर मारेगा, तब मेढ़ की त्वचा पर ऊन जलने लगेगी। मेढ़ भागकर घुड़साल में घुसेगा और घुड़साल की घास में आग लग जाएगी। इससे घोड़े भी जलकर घायल हो जाएँगे। फिर घोड़ों के इलाज के लिए शालिहोत्र का जानकार कोई वैद्य अवश्य बता देगा कि बंदरों की चरबी लगाने से ही घोड़ों के जलने का घाव ठीक होता है। फिर तो चरबी पाने के लिए यहाँ पले बंदरों को ही मार डाला जाएगा।

यह सोचकर उसने बंदरों को सलाह दी, ''इस राजभवन में रोज अकारण ही मेढ़ और पाकशाला के लोगों के बीच कलह होती रहती है। इसलिए यही उचित है कि राजा का घर छोड़कर किसी जंगल में चले चलो, नहीं तो इस कलह के पीछे एक-न-एक दिन हमारी जान के लाले पड़ जाएँगे।''

लेकिन नायक की बात सुनकर युवा बंदर हँस दिए। बोले, ''बुढ़ापे के कारण आपको बुद्धिभ्रम हो गया है। इसीलिए ऐसी सलाह दे रहे हैं। भला हम राजभवन के स्वादिष्ट भोजन को छोड़कर कड़वे-खट्टे फल खाने के लिए जंगल में क्यों जाएँ!''

नायक ने कहा, ''मूर्खो, तुम्हें पता नहीं कि इस सुख का परिणाम कितना भयंकर हो सकता है! तुम लोग नहीं मानते तो मत मानो, मैं तो तुम्हारा नाश होते नहीं देख सकता।'' यह कहकर बंदरों का नायक उसी समय राजभवन छोड़कर चला गया।

उसके चले जाने के कुछ दिन बाद जैसा उसने सोचा था, सचमुच वैसा ही भयानक कांड हो गया।

जलती लकड़ी से मार खाकर जलता हुआ मेढ़ा पास के घुड़साल में ही जा घुसा। वहाँ पड़ी घास धू-धू करके जलने लगी। घुड़साल में आग लगने से वहाँ बँधे घोड़े जख्मी हो गए। राजा ने वैद्य से उपचार पूछा, तो उसने घोड़ों के घाव पर बंदरों की चरबी लगाने को कहा। राजा चंद्र ने चरबी के लिए राजा की आज्ञा से सारे बंदरों को मरवा दिया गया।

बंदरों का नायक पास ही जंगल में रहता था। उसे यह समाचार मिला तो वह बहुत दुखी हुआ। वह स्वजनों की हत्या करानेवाले राजा चंद्र से बदला लेने का उपाय सोचने लगा।

एक बार नायक जंगल में घूम रहा था। अचानक उसने एक जलाशय देखा। उसमें कमलिनी खिली थी। नायक को प्यास लगी थी। वह पानी पीने चला तो देखा कि जलाशय में जानेवाले प्राणियों के पैरों के निशान तो किनारे पर हैं, किंतु उनके लौटने के निशान कहीं भी नहीं थे। उसने सोचा, इस जलाशय में अवश्य कोई मगरमच्छ रहता है। वही जलाशय में जानेवाले जीवों को पकड़कर खा जाता होगा। यह सोचकर नायक उस जलाशय में नहीं घुसा। किनारे बैठकर ही एक कमलनाल के सहारे चूसकर पानी पीने लगा।

तभी जलाशय के बीचोबीच एक राक्षस खड़ा हो गया। उसके गले में रत्नों की एक बड़ी सुंदर माला दमक रही थी। उसने बंदर से कहा, ''तुम बड़े चतुर हो। कमलनाल के सहारे पानी पीकर तुमने अपनी जान बचा ली। अगर तुम जलाशय में प्रवेश करके पानी पीते तो मैं तुमको भी खा जाता। मैं तुम्हारी चतुराई पर

प्रसन्न हूँ। तुम्हारी जो भी इच्छा हो, मुझसे माँग लो।''

बंदर ने पूछा, ''तुममें कितने प्राणियों को खाने की शक्ति है?''

राक्षस ने कहा, ''पानी में तो मैं लाख प्राणियों को भी डकार सकता हूँ; किंतु पानी के बाहर कोई सियार भी मुझे पराजित कर सकता है।''

बंदर ने कहा, ''बात यह है कि यहाँ के राजा चंद्र से मेरी दुश्मनी है। अगर तुम अपनी यह रत्नों की माला मुझे दे दो, तो मैं राजा को लालच देकर उसे परिवार सहित इस जलाशय के अंदर भेज सकता हूँ।''

राक्षस ने बंदर की बात पर विश्वास करके उसको रत्नों की माला दे दी। बंदर माला गले में पहनकर नगर में घूमने लगा।

नगरवासियों ने उसके गले में रत्नों की माला देखी तो उससे पूछा, ''रत्नों की यह सुंदर माला तुम्हें कहाँ से मिली?''

बंदर ने बताया, ''पास ही एक गुप्त सरोवर है। उसका निर्माण स्वयं कुबेर ने किया है। जो व्यक्ति प्रात:काल उसमें स्नान करता है, वह ऐसी ही एक रत्नमाला पहने हुए बाहर आता है।''

राजा चंद्र को भी नायक की रत्नमाला का समाचार मिला तो उसने नायक बंदर को पास बुलाकर पूछा, ''हमारे राज्य में क्या वास्तव में रत्नमालाओं से भरा कोई सरोवर है?''

बंदर ने कहा, ''स्वामी, इसका प्रत्यक्ष प्रमाण तो मेरे गले में पड़ी हुई यह माला ही है। आप किसीको भी मेरे साथ भेज दीजिए। उसे मैं जलाशय दिखा दूँगा।''

राजा ने कहा, ''अगर यह सच है, तो स्वयं मैं अपने परिवार सहित वहाँ चलूँगा। इस प्रकार बहुत-सी रत्नमालाएँ मिल जाएँगी।''

बंदर ने कहा, ''अवश्य मिलेंगी, महाराज! आप चलकर तो देखिए।''

राजा अपने पूरे परिवार के साथ बंदर के पीछे-पीछे चल पड़ा। राजा चंद्र स्वयं पालकी में जा रहा था। उसने बड़े प्रेम से बंदर को अपनी गोद में बैठा रखा था।

बंदर सोच रहा था—मनुष्य की लालसा का कोई अंत नहीं।

बंदर के साथ राजा चंद्र भोर में ही जलाशय पर जा पहुँचा। बंदर ने कहा, ''महाराज, सूर्य आधा निकला हो, उसी समय इस जलाशय में जाने पर फल की प्राप्ति होती है। इसलिए सब एक साथ ही इसके अंदर जाएँ। आप पहले अपने परिवार को स्नान के लिए जाने दें। तब तक आप बाहर ही ठहरें। मैं और आप बाद में इस जलाशय में प्रवेश करेंगे। तब मैं आपको वह स्थान भी दिखा दूँगा, जहाँ रत्नमालाओं का भंडार है।''

राजा ने बंदर की बात मान ली। उसकी आज्ञा से उसका परिवार जलाशय में प्रवेश कर गया। जब बहुत देर बाद भी उसके परिवार का कोई व्यक्ति जल से बाहर नहीं आया तो राजा ने बंदर से पूछा, ''मेरे परिवार के लोग अभी तक जलाशय से बाहर क्यों नहीं आए? काफी देर हो गई उन्हें गए हुए?''

बंदर कूदकर एक पेड़ पर चढ़ गया। उसने वहीं से राजा को जवाब दिया, ''अरे नीच राजा! इस

सरोवर में एक राक्षस रहता है। उसने तेरे परिवार का भक्षण कर लिया। तूने मेरे परिवार का नाश कराया था न, आज मैंने तुझसे उसीका बदला ले लिया। लेकिन तू मेरा पालनकर्ता है, इसीलिए मैंने तुझे जलाशय में नहीं जाने दिया और मौत से बचा लिया। मैंने जो भी किया, उसमें कोई पाप नहीं है। तूने मेरे कुल का नाश करवाया था। मैंने तेरे कुल का नाश करवा दिया।''

राजा चंद्र यह सुनकर पछताता हुआ अपने महल को वापस चला गया। राजा के जाने के बाद राक्षस फिर पानी से निकला। उसने बंदर से कहा, ''तुम सचमुच बहुत चतुर हो। मैं तुम्हारी बुद्धि की प्रशंसा करता हूँ। जो चंचलतावश परिणाम पर विचार नहीं करता, वह राजा चंद्र की भाँति पीड़ित होता है।''

□

कथा सुनाकर सुवर्णसिद्धि बोला, ''अब मैं अपने घर जाने की आज्ञा चाहता हूँ।''

चक्रधर ने गिड़गिड़ाकर कहा, ''ऐसे संकट के समय मुझे छोड़कर मत जाओ। विपत्ति में मित्र ही काम आता है।''

सुवर्णसिद्धि ने कहा, ''तुम्हारा कथन तो ठीक है, किंतु इस स्थान पर रहने की शक्ति मुझमें नहीं है और तुम्हें इस चक्र से छुड़ाना भी मेरे वश में नहीं है। कब तक मैं तुम्हें छटपटाते देखता रहूँ! अब मुझे जाने दो। ऐसा न हो कि मैं भी किसी संकट में पड़ जाऊँ।''

चक्रधर बोला, ''ठीक ही कहते हो। अब तुम जा सकते हो। किंतु मार्ग में किसीको साथी अवश्य बना लेना; क्योंकि यदि मार्ग में किसी डरपोक व्यक्ति का साथ भी मिल जाए तो वह अकेले यात्रा करने से अच्छा है। एक ब्राह्मण पथिक के साथ छोटा-सा केकड़ा ही था; पर उसने ब्राह्मण की जान बचा दी थी।''

सुवर्णसिद्धि ने पूछा, ''वह कैसे?''

चक्रधर ने बताया—

एक से दो भले

किसी नगर में ब्रह्मदत्त नामक एक ब्राह्मण रहता था। एक बार किसी काम से उसे दूसरे गाँव जाना पड़ा।

उसकी माँ ने कहा, ''पुत्र, तुम अकेले मत जाओ। किसीको साथ ले लो।''

ब्राह्मण ने कहा, ''माँ, इस रास्ते में कोई ऐसा डर नहीं है। मैं अकेला ही चला जाऊँगा।''

फिर भी चलते समय उसकी माँ एक केकड़ा पकड़ लाई और बोली, ''तुम्हें जाना ही है, तो इस केकड़े को साथ ले जाओ। एक से दो भले। समय पड़ने पर काम आएगा।''

ब्राह्मण ने माँ की बात मान ली और केकड़े को कपूर की पुड़िया में रखकर अपने झोले में डाल लिया।

भयंकर गरमी पड़ रही थी। परेशान होकर ब्राह्मण रास्ते में एक पेड़ की छाया में लेट गया। उसे नींद

आ गई। उसके सो जाने पर उस पेड़ के नीचे बिल से एक साँप निकला। वह ब्राह्मण के पास आया तो उसे कपूर की गंध आने लगी। वह ब्राह्मण के झोले में घुस गया और कपूर की पुड़िया मुँह में भरकर उसे निगलने का प्रयत्न करने लगा। पुड़िया खुल गई। बस, केकड़े ने तुरंत अपने तीखे पंजों से दबोचकर साँप को मार दिया।

ब्राह्मण की आँख खुली तो वह हैरान रह गया। कपूर की पुड़िया के पास ही मरे हुए साँप को देखकर वह समझ गया कि केकड़े ने ही साँप को मारकर उसकी जान बचाई है। उसने सोचा, अगर मैं माँ की आज्ञा न मानता और उस केकड़े को साथ न लाता, तो आज मेरी जान नहीं बचती।

□

कहानी सुनाकर चक्रधर ने कहा, ''इसलिए कहता हूँ कि यात्रा में कोई दुर्बल व्यक्ति भी साथ हो, तो वह समय पर सहायक होता है।

चक्रधर की यह बात मानकर सुवर्णसिद्धि ने उससे बिदा ली और लौट पड़ा।